インプレス R&D ［ NextPublishing ］

New Thinking and New Ways
E-Book / Print Book

税理士に頼む？自分で申告？
仮想通貨の税務対策

2019年3月確定申告対応版

「億り人」になって破産しないためのQ&A集

鹿 剛 著

浜部 理恵 監修
税理士・株式会社アジアビジネスセンター所属
野中公認会計士事務所グループ

副業アカデミー

損益確定はどうやって計算するの？
「移動平均法」「総平均法」って？
個人と法人のどちらが有利なの？
自分で申告するための方法は？

仮想通貨の確定申告の疑問にQ&Aで回答！

impress R&D
An impress Group Company

JN206651

CONTENTS

Chapter1	**仮想通貨の税務**	**5**
1.1	**仮想通貨にはなぜ税務対策が必要なのか**	**6**
1.2	**国税庁の仮想通貨に関する見解**	**8**
1.3	**仮想通貨とは？**	**10**
	仮想通貨による所得について	12
1.4	**所得の区分と課税**	**14**
	所得区分	14
	課税	14
1.5	**確定申告することがとにかく重要！**	**17**
	加算税	18
	延滞税	18
Chapter2	**Q&A Part.1**	**21**
2.1	**Q1：個人と法人ではどちらで仮想通貨の取り引きを行うのが良いですか？**	**22**
2.2	**Q2：どのような属性の投資家が仮想通貨投資を行った方が良いのでしょうか。**	**25**
	各取引所での取り引き記録の保管と整理	25
	ウォレットの送受信記録の保管と整理	25
	日本円換算額の算定	26
	仮想通貨の期末残高数量	27
	領収書の保管	27
2.3	**Q3：自己の名義の他、子供の名義でも取引所のアカウントを開設し、取り引きを行うことは意味があるでしょうか？**	**29**
2.4	**Q4：今年から、シンガポールに住むことになりました。この場合、今までの取り引きについての納税はどうなるでしょうか？また、これからの取り引きについてはどうなりますか？**	**30**
	国内法による取り扱い	30

現地での取り扱い..31

Chapter3　Q&A Part.2 33

3.1　Q5：法人で所有する注意点を教えてください 34

3.2　Q6：個人から法人へ切り替える際の注意点を教えてください 35

譲渡...35

現物出資..36

贈与...37

賃貸借..37

3.3　Q7：個人から法人へ切り替える際のメリット・デメリットを教えて

ください...38

法人化のメリット..38

法人化のデメリット...42

3.4　Q8：海外で法人を設立し、仮想通貨を購入した場合の取り扱いはど

のようになりますか？...44

3.5　Q9：仮想通貨の利益は事業所得になりますか？ 46

Chapter4　Q&A Part.3 49

4.1　Q10：利益確定していなければ申告の必要はないのでしょうか？......50

4.2　Q11：仮想通貨の売却とは、どのような行為をいうのでしょうか？仮

想通貨の売却、仮想通貨での商品の購入、仮想通貨と仮想通貨の交換の場合

はこれに該当するのでしょうか？...52

4.3　Q12：仮想通貨を追加で購入しましたが、取得価額はどのように計算

すればよいですか？...54

4.4　Q13：仮想通貨が分裂（分岐）した場合はどうするべきですか？......57

4.5　Q14：仮想通貨に関する所得の所得区分を教えて下さい....................60

所得区分..63

収入の計上...64

Chapter5　仮想通貨取り引きの申告には、税理士の協力を！ 65

5.1　仮想通貨の確定申告には税理士が必要！ 66

5.2 税理士の中でも選別が必要です（しかし税理士もクライアントを選別します） 69

従来から税理士に確定申告を依頼していた場合 70

税理士に確定申告を行うのが始めての場合 70

タックスプランニング 72

Chapter6 仮想通貨の申告 75

6.1 仮想通貨の確定申告──その流れ 76
6.2 仮想通貨に関する納税作業の簡素化 83

Chapter7 仮想通貨の可能性 85

7.1 「仮想」の名前にふさわしくない可能性 86
7.2 間違いなく拡大していく 88

なぜ仮想通貨への投資が必要なのか？ 88

仮想通貨は自分の総資産の２０％まで 93

7.3 正しい仮想通貨との向き合い方 96

ウォレット 96

ID、パスワード、２段階認証のためのQRコード、秘密鍵再現用のニーモニックなど 97

PC、スマートフォンなど 97

最後に 98

参考資料のダウンロード 99

参考資料の内容 99

ダウンロードの方法 100

Chapter 1

仮想通貨の税務

その理解と対策の必要性

仮想通貨の取り引きを行うためには、税務についての正しい理解と知識が必要です。税務について正しく理解することは、ディフェンス（資産を守る）のみならず、正しいオフェンス（資産を形成する）でもあるのです。

1.1
仮想通貨にはなぜ税務対策が必要なのか

　1998年のアメリカ映画、『Meet Joe Black』(邦題：『ジョー・ブラックによろしく』) の台詞に、"Death and Taxes"という表現が登場します。Joe Blackと称する、ブラッド・ピットの扮する死に神がその正体を白状しろとDrewに迫られ、「IRS（内国歳入庁、米国の国税庁）のエージェントである」と答え、「Death and Taxes」と締めくくります。

Drew: And who would've thought... you, an IRS agent.
Joe Black: Death and Taxes.
ドリュー：思いもよらなかった…おまえが、内国歳入庁のエージェント？
ジョー・ブラック：死と税さ。

　この言葉、もともとは、"In this world nothing can be said to be certain, except death and taxes."（「この世で確かなものは死と税だけだ」）という、100米ドル札上の人物でもある、ベンジャミン・フランクリンの言葉から来ています。

　2018年は、はからずも「億り人」になってしまった人たちの確定申告元年だったのですが、波乱の申告元年だったと言えるかと思います。2017年の年末から2018年1月にかけ、ビットコインをはじめとする仮想通貨は最高値を更新しました。その時期に、翌年3月（日本）や4月（米国）の確定申告に照準を定めて現金化を図った人たちは良かったの

1.【億り人（おくりびと）】ビットコインを始めとする仮想通貨の急騰で、1億円単位の資産を手にした投資家を指す造語。1億円以上を稼ぎ出した投資家のことを「億り人」、10億円以上稼ぎ出した投資家を「自由億」と呼びます。

6 ▸▸▸ Chapter1　仮想通貨の税務

ですが、納税額が高額であるにもかかわらず現金化を怠った人は、2月以降の急激な価格下落の結果、「持ち出しで納税を行うこととなった」「確定申告をしなかったため、税務調査を受け、加算税まで負担することとなった」などという結果に陥ることにもなった方もいると聞いています。「税務の知識がなかったために正しい納税を行わず、破産に至った」などということも実際に生じているようです。まさに、「death and taxes」は誰にでも確実に訪れるものなのです。

　後述しますが、課税所得金額4,000万円超の区分が設けられて以降、個人所得税の最高税率は45.945％（所得税45％および復興特別所得税0.945％）にものぼります。更に10％が住民税としてこれに加算されます。

　納税のための金額を確保していない場合は、そのために仮想通貨を売却することが必要になります。前年度に比べて価格が上がっている場合には、売却して納税額を確保することも可能ですが、価格が下がっている場合には必要な額が確保できないおそれもあります。さらに、1月1日以後に納税額の確保のために仮想通貨を売却し、その結果として利益が生じた場合はさらにその額に基づく納税を翌年に行うことが必要になります。「億り人」の申告元年には、まさにこのことが生じてしまいました。

　仮想通貨取り引きを行うために、税務についての正しい理解と知識が必要です。税務について正しく理解することは、ディフェンス（資産を守る）のみならず、正しいオフェンス（資産を形成する）でもあるのです。

2.2017年10月にBittrexに上場されたエイダコインは、年末・年始にかけ高騰し、ICOプレセール時の価格と比べて最大で800倍以上というような価格となりました。エイダ長者などという言葉も生まれました。しかし、日本国内での上場ではなかったために利益確定は国外取引所におけるビットコインやイーサリアムなどの主要な仮想通貨への交換という形態になりました。その結果、ビットコインをはじめとする仮想通貨が急騰し、これに伴って新規での仮想通貨取引への参入も促進され、更なる価格高騰につながりました。その後、納税を行うためには利益確定で購入されたビットコインなどが国内取引所にて日本円に交換された結果、価格が急激に下落するといった構造が生んだ現象ではないかと分析しています。

1.2
国税庁の仮想通貨に関する見解
"8月タックスアンサー"と"情報4号"

現在まで、仮想通貨に対する立法的な手当てがなされていないため、引き続き"8月タックスアンサー"と"情報4号"が仮想通貨に関する税務の拠り所となります。平成30年度税制改正の大綱（平成29年12月22日閣議決定）、平成31年度税制改正要望にも仮想通貨の税制に関する記述はなく、2018年、2019年についても現在のままの取り扱いになる可能性が高いと言えるでしょう。

2017年8月28日、国税庁は、タックスアンサー（以降、**"8月タックスアンサー"**とします）の中で、ビットコインを使用することにより利益が生じた場合、現行税制に従い課税されることを次の内容で明確に示しました。

3.【8月タックスアンサー】国税庁・タックスアンサー No.1524https://www.nta.go.jp/taxes/shiraberu/taxanswer/shotoku/1524.htm

8月タックスアンサー

ビットコインを使用することにより利益が生じた場合の課税関係
ビットコインは、物品の購入等に使用できるものですが、このビットコインを使用することで生じた利益は、所得税の課税対象となります。（所得税法36条） このビットコインを使用することにより生じる損益（邦貨又は外貨との相対的な関係により認識される損益）は、事業所得等の各種所得の基因となる行為に付随して生じる場合を除き、原則として、雑所得に区分されます。（所得税法35条）

更に2017年12月には、「平成29年12月1日 個人課税課情報第4号」（以降、**"情報4号"**とします）の中で、ビットコインをはじめとする仮想通貨を売却、または使用することにより生じる仮想通貨損益やその具体的な計算方法等

4.【情報4号】国税庁（PDF）https://www.nta.go.jp/law/joho-zeikaishaku/shotoku/shinkoku/171127/01.pdf

8 ▶▶▶ Chapter1　仮想通貨の税務

について、以下の9項目を中心に取りまとめたものが示されました。

1．仮想通貨の売却
2．仮想通貨での商品の購入
3．仮想通貨と仮想通貨の交換
4．仮想通貨の取得価額
5．仮想通貨の分裂（分岐）
6．仮想通貨に関する所得の所得区分
7．損失の取り扱い
8．仮想通貨の証拠金取引
9．仮想通貨のマイニング等

5.【税制改正の流れ】各府省庁からの要望（財務省HP：平成30年度税制改正要望（http://www.mof.go.jp/tax_policy/tax_reform/outline/fy2018/request/index.htm 平成31年度税制改正要望https://www.mof.go.jp/tax_policy/tax_reform/outline/fy2019/index.htm）を集め、12月中旬頃までに基本方針を決め、税制改正大綱を閣議決定。その後、与党から税制改正法案として国会に提出されます。国会では、衆議院と参議院の各委員会にて審議・採択が行われ、3月末までに成立・公布、4月1日から施行されます。

　仮想通貨に対する立法的な手当ては2018年現在もなされていないので、引き続き"8月タックスアンサー"と"情報4号"が仮想通貨に関する税務の拠り所となります。平成30年度**税制改正の大綱**（平成29年12月22日閣議決定）、平成31年度税制改正要望にも仮想通貨の税制に関する記述はないため、2018年、2019年についても現在のままの取り扱いになる可能性が高いと言えるでしょう。

1.3
仮想通貨とは？
仮想通貨と暗号通貨

8月タックスアンサーにより、ビットコインをはじめとする仮想通貨を売却し、または使用することにより生じる利益については、事業所得等の各種所得の基因となる行為に付随して生じる場合を除き、原則として雑所得に区分され、所得税の確定申告が必要となることが明確になりました。

　"8月タックスアンサー"ではビットコインのみをとりあげ、ビットコインを使用することにより生じる損益は原則として雑所得に区分されるとしていました。その後の"情報第4号"では仮想通貨一般を対象として、仮想通貨損益やその具体的な計算方法等が示されました。では、仮想通貨とは何なのでしょうか？

　仮想通貨は、日本以外の多くの国と地域では**暗号通貨**（Cryptocurrency）と呼ばれています。ビットコインも、1998年にサイファーパンクのメーリングリストで、ウエイ・ダイ(Wei Dai)が説明した暗号通貨（Cryptocurrency）のコンセプトを実現したものです。このコンセプトは、「中央権力によらない通貨の発行・取り引きに暗号学を使った新しい形態・方法を使おう」と提案したものでした。日本では、当時世界最大のビットコイン取引所であったマウントゴックスの破産騒動の際、「仮想通貨」という名称で報道がなされたため、この名称が一般的になりました。そして、2016年に資金決済法の改正が行われ、この改正資金決済法2条5項に「仮想通貨」という用語が法令上の用語としても定義されるに至りました。

6.【暗号通貨】暗号通貨（Cryptcurrency）いう用語は、仮想通貨と同義に使われることがありますが、法令では「仮想通貨」という名称が与えられることが多く、日本もそうなっています。暗号通貨という用語は、仮想通貨の技術面・取り引き面での特徴やその実質に着目して使用されているように思われます。ビットコインといった場合も、私たちは通常、通貨としての側面で捉えています。しかし、英語で"Bitcoin"のように大文字で始まる場合には、「新しい決済システムと完全電子通貨を実現する総意ネットワークで、中央機関や仲介人を要しないユーザーによる初の分散的ピア・ツー・ピア決済ネットワーク」といったシステムやネットワークを示し、個々のコインを示す場合には"bitcoin"のように小文字で示すという使い分けがなされているようです。

10 ▶▶▶ Chapter1　仮想通貨の税務

本書で扱うのは、法令で定義されている仮想通貨の税務ですが、最初に暗号通貨、代替通貨、電子マネーなどとの関係についても理解しておくのが良いと思われます。

筆者なりの理解に基づくものゆえ、諸説ある説明と異なる部分もあるかと思いますが、図を用いて整理します。

広義の仮想通貨と狭義の仮想通貨

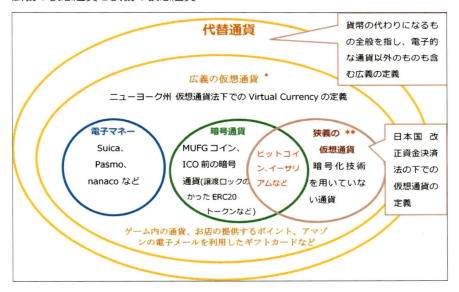

図の「*」：ニューヨーク州　仮想通貨法の定める仮想通貨

2015年6月に米国ニューヨーク州で成立した仮想通貨法では、「仮想通貨とは、換金できる媒体として利用される、またはデジタル的に保存された価値の形式で利用される、あらゆるデジタル情報（unit）を意味する」（Virtual Currency means any type of digital unit that is used as a medium of exchange or a form of digitally stored value.）と規定しています。上記の図では、この定義を「広義の仮想通貨」としています。

「広義の仮想通貨」には、電子マネー、ゲーム用途で用い

られるポイントやゲーム内の通貨、お店が顧客に提供する
ポイントやそのプログラム、アマゾンの電子メールを利用
したギフトカードなども含まれてしまうように見えます。
それゆえ、同法では、最初に包括的な定義を設けています
が、例外的にこれらのものは含まないとしています。

図の「＊＊」：日本 改正資金決済法の定める仮想通貨

　日本では、2016年に資金決済法の改正が行われ、6月3日
に公布されています。公布の日より1年以内に施行される
ことになっており、2017年4月から施行されました。

　この改正資金決済法第2条第5項に仮想通貨の定義があ
り、次の要件をすべて満たすものが仮想通貨とされてい
ます。

〈仮想通貨の定義〉

①物品の購入や借り受け、サービスの提供を受ける場合に、その代価の弁済のた
めに不特定の者に対して使用することができ、かつ、不特定の者を相手方として
購入および売却を行うことができる財産的価値であること
②電子的方法に記録された財産的価値で、電子情報処理組織を用いて移転できる
こと
③日本国または外国の法定通貨や通貨建資産に該当しないこと

仮想通貨による所得について

　8月タックスアンサーにより、ビットコインをはじめとす
る仮想通貨を売却し、または使用することにより生じる利
益については、事業所得等の各種所得の基因となる行為に
付随して生じる場合を除き、原則として雑所得に区分され、
所得税の確定申告が必要となることが明確になりました。

　個人所得税の確定申告は、毎年1月1日から12月31日ま
での1年間の期間内の収入・支出、医療費や寄付、扶養家
族状況などから所得を計算した申告書を税務署へ提出し、
納付すべき所得税額を確定し、翌年の2月16日から3月15

日までの間に税務署に納税すべき額を報告・納付すること
です。

　所得税の確定申告をすると、住民税の確定申告もしたこ
とになります（なお、サラリーマンなどの給与所得者につ
いては、給与所得および退職所得以外の所得が20万円以下
であれば、所得税の確定申告をしなくても問題ありません。
厳密には、所得が生じていれば住民税の確定申告は必要な
のですが、住民税だけを申告されている人は、ごくわずか
であると思います）。

1.4
所得の区分と課税

- -

仮想通貨による利益は雑所得として扱われます。雑所得内で利益と損失が生じている場合は相殺することができます

所得区分

　所得については、給与所得や事業所得、譲渡所得、雑所得など、その収入の種類と性格により10種類に区分されています。

　納税額は所得の区分ごとに計算方法が異なるので、譲渡所得に該当するか、雑所得に該当するかにより大きく異なっているため、仮想通貨による所得がどちらに該当するか注目されていました。

　8月タックスアンサーにより、先ずは、ビットコインに関して生じた利益は、原則として、「雑所得」に区分されることが明確にされました。

課税

　雑所得は、他の所得（給与所得など）などと合算して所得税を計算する総合課税制度（累進課税5％から45％、復興特別所得税＝所得税の額の2.1％相当額、住民税10％）が適用されます。

14 ▶▶▶ Chapter1　仮想通貨の税務

所得の種類と課税方法（国税庁：https://www.nta.go.jp/taxes/shiraberu/
shinkoku/tebiki2017/b/01/1_03.htm）

種類		概要	課税方法
事業所得 （営業等・農業）		商・工業や漁業、農業、自由職業などの自営業から生ずる所得	総合
		事業規模で行う、株式等を譲渡したことによる所得や先物取引に係る所得	申告分離
不動産所得		土地や建物、船舶や航空機などの貸付けから生ずる所得	総合
利子所得		公社債や預貯金の利子などの所得	源泉分離
		国外で支払われる預金等の利子などの所得	総合
配当所得 ※配当所得には確定申告不要制度があります		法人から受ける剰余金の配当、公募株式等証券投資信託の収益の分配などの所得 ※申告分離課税を選択したものを除く。	総合
		上場株式等に係る配当等、公募株式等証券投資信託の収益の分配などで申告分離課税を選択したものの所得	申告分離
		特定目的信託の社債的受益権の収益の分配などの所得	源泉分離
給与所得		俸給や給料、賃金、賞与、歳費などの所得	
雑所得	公的 年金等	国民年金、厚生年金、確定給付企業年金、確定拠出企業年金、恩給、一定の外国年金などの所得	総合
	その他	原稿料や講演料、生命保険の年金など他の所得に当てはまらない所得	
		業（事業規模を除く。）として行う、株式等を譲渡したことによる所得や先物取引に係る所得	申告分離
		公社債の償還差益のうち、一定の割引債の償還差益などの所得	源泉分離
譲渡所得		ゴルフ会員権や金地金、機械などを譲渡したことによる所得	総合
		土地や建物、借地権、株式等を譲渡したことによる所得 ※　株式等の譲渡については事業所得、雑所得となるものを除く	申告分離
一時所得		生命保険の一時金、賞金や懸賞当せん金などの所得	総合
		保険・共済期間が5年以下の一定の一時払養老保険や一時払損害保険の所得など	源泉分離
山林所得		所有期間が5年を超える山林（立木）を伐採して譲渡したことなどによる所得	申告分離
退職所得		退職金、一時恩給、確定給付企業年金法及び確定拠出年金法による一時払の老齢給付金などの所得	

仮想通貨を売却または使用することにより生じる利益については、原則として、雑所得に区分

課税方式

分離課税制度	●申告分離課税制度 他の所得金額と合計せず、分離して税額を計算し、確定申告により納税 ●源泉分離課税制度 他の所得と全く分離して、所得を支払う者が一定の税率で所得税を源泉徴収し、納税
総合課税制度	各種の所得金額を合計して所得税額を計算。合計所得に応じて、税率が変わる

所得税の速算表

課税される所得金額	税率	控除額
195万円以下	5%	0円
195万円を超え 330万円以下	10%	97,500円
330万円を超え 695万円以下	20%	427,500円
695万円を超え 900万円以下	23%	636,000円
900万円を超え 1,800万円以下	33%	1,536,000円
1,800万円を超え 4,000万円以下	40%	2,796,000円
4,000万円超	45%	4,796,000円

※納税額は、上記に復興特別所得税（所得税の額の2.1％相当額）および住民税10％が加算され多額となる。

　譲渡所得のうち、申告分離課税制度が適用される株式（税率一律20.315％）などと比べ、税額負担が著しく大きなものとなっています。

　また、雑所得に関しては損益通算制度が適用されません。従って、

　　1．雑所得の計算により損失が生じた場合も、他の所得（給与所得など）から控除（利益と損失の相殺）をすることはできない、

　　2．損失を翌年以後に繰り越すこともできない

ということになります。

　なお、雑所得内で利益と損失が生じている場合は相殺することができます（但し、申告分離課税の雑所得とは相殺できません）。

1.5
確定申告することがとにかく重要！
―これからの投資のために―

情報不足により確定申告を怠り、無申告や過少申告が税務調査で判明した場合には、懲罰的な加算税および延滞税が課されます。

　これまで述べてきたように、2018年3月の確定申告は国税庁から示された方法により行われるはじめての納税でした。その際、損益を確定するために後述する「移動平均法」、「総平均法」という方法を採用し、仮想通貨の「取得原価」を算出します。

　2018年の確定申告を適正に行わなかった場合、翌年以降の申告の際に取得価格の適切な算出ができなくなるおそれがあります。すなわち、取得単価の計算上のつじつまが合わず、**永久にごまかすようなことを行わざるを得ないような事態に陥ってしまいます。**

　仮想通貨は、インターネット上のP2Pデジタル通貨という性質上、金融機関における記帳と異なり、取り引きの流れを把握することには一定の困難を伴います。しかし、ブロックチェーンを使用しているため、その履歴が消失したり、改変されたりすることもありません。

　また、国税当局は税逃れ対策に動き出しているとの報道や、税務調査を受けられた方がその顛末を公表していたりもします。

7.朝日新聞2018年1月1日付「ビットコイン長者、国税がリストアップ着手　税逃れ対策」https://www.asahi.com/articles/ASKDP7G3JKDPPTIL03N.html

朝日新聞2018年1月1日付より

国税当局は多額の売却益を得た投資家らの調査を始めた。数千万〜数億円の利益を得た投資家らをリストアップ。2018年の確定申告に向け、取り引き記録や資産状況をデータベースにまとめ、税逃れを防ぐ考えだ。

　仮想通貨の取引所も、要請のあったデータの提供は行っていますし、今後も同様であると思われます。このような状況の下、無申告や過少申告が税務調査で判明した場合には、次のような加算税および延滞税が課されます。

加算税

　過少申告加算税、無申告加算税、重加算税などが課されます。（加算税の概要を参照）

延滞税

　納付期限の翌日から2月を経過する日までは、原則として年「7.3％」。納付期限の翌日から2月を経過した日以後、原則として年「14.6％」にて延滞税が課されます。但し、平成26年1月1日以後の期間は、納付期限の翌日から2月を経過する日までは「年7.3%」と「特例基準割合+1%」のいずれか低い割合を、納付期限の翌日から2月を経過した日以後は「年14.6%」と「特例基準割合+7.3%」のいずれか低い割合が適用されることとなっています。また平成30年1月1日から平成30年12月31日までの期間の延滞税については、それぞれ「年2.6％」、「年8.9％」の利率となっています。

　このような高額かつ懲罰的な税金を追加で払う場合、お

8.【実録】仮想通貨（ビットコイン）の利益で税務調査を受けた話／https://dmjtmj-stock.com/entry/2018/08/09/仮想通貨-利益-税金-税務調査-税務署／

9.財務省・加算税の概要より：https://www.mof.go.jp/tax_policy/summary/tins/n04_3.pdf

加算税の概要（財務省：http://www.mof.go.jp/tax_policy/summary/tins/n11.htm）

名称	課税要件	課税割合 （増差本税に対する）	不適用・割合の軽減	
			要件	不適用・軽減割合
過少申告加算税	期限内申告について、修正申告・更正があった場合	10% ---- 期限内申告税額と50万円のいずれか多い金額を超える部分（※） 15%	・正当な理由がある場合 ・更正を予知しない修正申告の場合（注2）	不適用
無申告加算税	❶期限後申告・決定があった場合 ❷期限後申告・決定について、修正申告・更正があった場合	15%（注1） ---- [50万円超の部分] 20%（注1）	・正当な理由がある場合 ・法定申告期限から1月以内にされた一定の期限後申告の場合	不適用
			更正・決定を予知しない修正申告・期限後申告の場合（注2）	5%
重加算税	仮装・隠蔽があった場合	[過少申告加算税・不納付加算税に代えて] 35%（注1） [無申告加算税に代えて] 40%（注1）		

（注1）過去5年内に、無申告加算税（更正・決定予知によるものに限る。）又は重加算税を課されたことがあるときは、10%加算【平成28改正】

（注2）調査通知以後、更正・決定予知前にされた修正申告に基づく過少申告加算税の割合は5%（※部分は10%）、期限後申告等に基づく無申告加算税の割合は10%（50万円超の部分は15%）【平成28改正】

そらく仮想通貨で構築された資産をすべて売却しなければ納税が完了しないような事態になってしまいます。また、当該売却自体が利益確定となる場合には、翌年に当該売却行為で生じた利益にも課税がなされ、支払うべき現金や資産が存在しない場合には、**破産**ということも起こります。

　このようなことを防ぐためにも、自主的に正しい確定申告を行い、納税を行う必要があります。

Chapter 2

Q&A Part. 1

個人で仮想通貨を持つ場合

"8月タックスアンサー"と"情報4号"で述べられている税金および確定申告に関する説明は、主として個人の申告を想定しています。つまり、会社員、主婦、個人投資家や学生などを対象としており、普段あまり確定申告になじみのない方も多いのではないでしょうか。本章と次章では、個人と法人の対比を行いつつ、Q&A方式で個人で仮想通貨取り引きを行う際の税務上の留意点などを説明します。

Q1：個人と法人ではどちらで仮想通貨の取り引きを行うのが良いですか？

A1：税率は法人が有利だが、法人と個人の両方で行うケースもある

　一般的には、「法人成り」という言葉が示すように、個人事業主で事業を始め、事業が安定した後に法人化を行います。しかし仮想通貨取り引きの場合、マイニング等を大規模に行うような場合を除けば、実施する作業の内容は個人とほとんどかわらず、法人でもその代表がひとりで取り引きを行うことになるでしょう。そこで、最初から法人で取り引きを行うという選択肢もありえます。

　この場合、個人事業主などが代表取締役1名、株主1名の株式会社などを設立します。いわゆる一人会社（いちにんがいしゃ）を設立します

　法人化により適用される税法が法人税法になるため、最高税率は個人の55.945%(所得税45％、復興特別所得税0.945％、住民税10％）ではなく、平成29年度では実効税率33.8%、平成30年度では33.59%（外形標準課税非適用法人、東京都の場合）となります。

　平成29年度について、1,000万円の利益があった場合と1億円の利益があった場合で比較したのが次の表です。

1.【一人会社】1990年の商法改正により設立可能になった、社員・株主が一人の会社。それまで株式会社は当初から一人会社での設立は認められませんでしたが、これ以降は可能になっています。

[個人の場合]（他の所得および基礎控除以外の所得控除は考慮しないものとします）

仮想通貨で1,000万円の利益があった場合

1,000万円 − 38万円（基礎控除）＝ 962万円　（所得税課税所得）
962万円 × 33% − 1,536千円 ＝ 1,638,600円　（所得税A）
1,638,600円 × 2.1% ＝ 34,400円　（復興特別所得税B）
1,000万円 − 33万円（基礎控除）＝ 967万円　（住民税課税所得）
967万円 × 10% ＝ 967,000円　（住民税C）
合計（A＋B＋C）＝ 2,640,000円　（税負担率：26.4%）

仮想通貨利益1億円の利益があった場合

1億円 − 38万円（基礎控除）＝ 9,962万円　（所得税課税所得）
9,962万円　×　45% − 4,796千円 ＝ 40,033,000円　（所得税A）
40,033千円　×　2.1% ＝ 840,600円　（復興特別所得税B）
1億円 − 33万円（基礎控除）＝ 9,967万円　（住民税課税所得）
9,967万円　×　10%　＝ 9,967,000円　（住民税C）
合計（A＋B＋C）＝　50,840,600円　（税負担率：50.84%）

[法人の場合]（平成29年4月1日開始事業年度、資本金100万円と仮定。軽減税率は考慮せず標準税率を用いるものとします。）

仮想通貨で1,000万円の利益があった場合

1,000万円(課税所得) × 23.4% ＝2,340,000円　（法人税）
234万円 × 4.4 % ＝102,900円　（地方法人税）
234万円 × 12.9%＝301,800円　（住民税）
1,000万円 × 6.7%＝670,000円　（事業税）
67万円 × 43.2%＝289,400円　（地方法人特別税）
住民税の均等割り：別途年額 70,000円
合計：3,774,100円（税負担率：37.74%）

仮想通貨で1億円の利益があった場合

1億円(課税所得) × 23.4% ＝23,400,000円　（法人税）
2,340万円 × 4.4%＝1,029,600円　（地方法人税）
2,340万円 × 12.9%＝3,018,600円　（住民税）
1億円 × 6.7% ＝6,700,000円　（事業税）
670万円 × 43.2%＝2,894,400円　（地方法人特別税）
住民税の均等割り：別途年額 70,000円
合計：37,112,600円（税負担率：37.11%）

　　　単純に税金面だけをみれば、利益が大きくなった場合には法人化することによる節税効果は一見大きく見えます。しかしながら、法人の利益は法人のものであり、一人会社といえども、そこにある金銭を自由に使うことはできませ

ん。そのためには、給与や役員報酬という形で、代表者個人に支払うこととなり、そこでは別途所得税が生じます。その他法人の設立、決算業務、解散・清算などにかかわる費用も念頭においておく必要もあります。法人化する場合には、こういったこともシミュレーションしたうえで行うべきではないかと思います。

　ここでは個人か法人かという説明を行いましたが、筆者が主催するデジタル通貨アカデミーの参加者では、両方で取り引きを行う方が増えてきています。

2.2
Q2：どのような属性の投資家が仮想通貨投資を行った方が良いのでしょうか。

Ａ２：取り引きの記録や送受信記録をこまめに整理できる几帳面さが必要

　属性というほどのことではないと思いますが、几帳面な方が行うのが良いでしょう。税務面で、取り引き記録をこまめに作成できない方は仮想通貨取り引きには向いていないといえます。

　たとえば納税に際して、各取引所での取り引き記録をダウンロードし、統一した形式で整理をしないと税理士も税額を算定できません。その他、仮想通貨を保管してウォレットの送受信記録なども同様に記録として整理しておく必要があります。以下に箇条書きにまとめておきます。

各取引所での取り引き記録の保管と整理

　上述のとおり、細かい記録の管理が必要です。

ウォレットの送受信記録の保管と整理

　これは取引所の記録の整理に使用しているフォーマットを使用すれば良いでしょう。

日本円換算額の算定

　所得税の確定申告は、日本円で計算しなければなりません。ビットコインやイーサリアムを含め、日本円と仮想通貨の取り引きを行った場合には、取引所の国内外を問わず、きちんと記録を残しておく必要があります。

　日本円以外の法定通貨や仮想通貨での売買（仮想通貨同士の交換）を行った場合、取引所以外の支払いや受取などの円換算レートについては、同一日における自分が主として使用している取引所の対円での交換レートを記録します。

　というとかなり煩雑に思われるかもしれませんが、仮想通貨同士の交換においては、ビットコインやイーサリアム（最近では、ＮＥＯなどもあります）が片側の取り引き基軸通貨（Bidであっても、Askであってもそうです）になることがほとんどです。従って、まずはビットコインとイーサリアム等の取り引き基軸通貨の価格の記録を年間通して保持することとします。次に、主たる取引所として使用している取引所における、ビットコインやイーサリアム等の開始価格、最高価格、最低価格、終値などを毎日記録し、その取引所を継続して使用することを条件とし、自らの取り引きに適切と思われる値を選べばよいものと思います。価格は、特段の理由がなければ、終値を使用することで良いかと思います。

　なお、価格取得が難しいような場合や適切ではない場合には、Coinmarket CAPのデータを使用しましょう。筆者はクラーケンを主として使っていましたため、クラーケンの価格を使用していました。しかし、クラーケンが日本での取り引きを終了させるということになりましたため、同取引所の価格を使用することが適切ではなくなってしまいました。そこで、現在は、ＣｏｉｎｍａｒｋｅｔＣａｐの

価格を使用することにしました。

・ビットコインの場合

　https://coinmarketcap.com/ja/currencies/bitcoin/historical-data/

・イーサリアムの場合

　https://coinmarketcap.com/ja/currencies/ethereum/historical-data/

・ネオ（NEO）の場合

　https://coinmarketcap.com/ja/currencies/neo/historical-data/

2.KuCoin（https://www.kucoin.com/#/markets）などでは、NEOはビットコインなどと同様にアルトコインとの交換に際して使用される通貨とされています。

仮想通貨の期末残高数量

　これは各取引所やウォレットごとに作成します。

　製造業では同じ製品を製造していたとしても、工場ごとに在庫を記録し、損益を確定します。同様に、同じビットコインであっても、取引所、ウォレットごとに残高を記録し、確定します。取り引き履歴も同様です。

領収書の保管

　必要経費に計上する金額について、領収書、請求書、納品書、振り込み明細などをすべて保管・整理しておきます。具体的には、仮想通貨のミートアップに参加する際の交通費や会費、ハードウェアウォレットの購入代金、取り引き用パソコンの購入代金、その他仮想通貨での利益を得るための経費は、雑所得の損益計算に含めることができます。

　なお、ビットコインなどで物品等を購入した場合には、必ず購入した物品の領収書を保管しておいてください。ウォレットからの送金が何に使われたのかを明らかにする必要

があります（しかし実際には、領収書等の発行がなされないものも多いので、メールでのやりとり、画像での保管などを含め、取り引きの存在が証明できるように可能な限り努めるべきでしょう）。

Q3：自己の名義の他、子供の名義でも取引所のアカウントを開設し、取り引きを行うことは意味があるでしょうか？

A3：贈与税や扶養家族の範囲に注意して、新しい時代に馴染ませよう。所得を不当に分配することがないように注意を

　前述したように、個人のアカウントと法人のアカウントの両方で取り引きを行う方が増えてきています。取引所の規約にもよりますが、親権者として子供名義のアカウントを開設し、扶養の範囲で取り引きを認めておられる方もおられます。

　新しい時代の新しい動きにいち早く子供がなじめるようにということもありますが、税務面では子供も別人格ですので、税率は個々人の所得に基づき行われることになります。贈与税の問題、扶養家族の範囲に属させるべきか否かなどを総合考慮したうえで、子供のアカウントを開設し、取り引きを認めることは意味があると思います。

　なお、その場合、子供名義のアカウントを用いて、所得を実質上、不当に分配することがないようにしておく必要があります。

2.4

Q4：今年から、シンガポールに住むことになりました。この場合、今までの取り引きについての納税はどうなるでしょうか？また、これからの取り引きについてはどうなりますか？

A4：海外転出届を忘れずに行い、現地の税制を理解しよう

　節税意識が高い方の中には、海外に移住するという選択肢をもっている方もいるかと思います。この質問は、このように節税のために海外に移住する、ということを選択した場合に関する税務に関するものです。ここでの前提は、日本国の居住者ではなくなっている、ということになります。

3.【居住者と非居住者の区分】国税庁タックスアンサーNo.2875：[平成29年4月1日現在法令等]（https://www.nta.go.jp/taxes/shiraberu/taxanswer/gensen/2875.htm）

国内法による取り扱い

　我が国の所得税法では、「居住者」とは、国内に「住所」を有し、または、現在まで引き続き1年以上「居所」を有する個人をいい、「居住者」以外の個人を「非居住者」と規定しています。

　「住所」は、「個人の生活の本拠」をいい、「生活の本拠」かどうかは「客観的事実によって判定する」ことになります。

　したがって、「住所」は、その人の生活の中心がどこかで判定されます。

30 ▶▶▶ Chapter2　Q&A Part.1

ある人の滞在地が2か国以上にわたる場合に、その住所がどこにあるかを判定するためには、職務内容や契約等を基に「住所の推定」を行うことになります。

　「居所」は、「その人の生活の本拠ではないが、その人が現実に居住している場所」とされています。

　法人については、本店所在地がどこにあるかにより、内国法人または外国法人の判定が行われます（これを一般に「本店所在地主義」といいます。）。

現地での取り扱い

　シンガポールの個人所得税は最大税率で22%ですが、キャピタルゲインに関して非課税となっています。シンガポールのIRAS（シンガポール内国歳入庁、シンガポールの国税庁）は、仮想通貨の扱いに対して正式な表明をしており、長期的な投資目的の仮想通貨に関する事業から生じるキャピタルゲインはトレードと区別し、非課税とされています。

　なお、課税対象となる所得の範囲ですが、全世界の所得課税を採用する日本とは異なり、シンガポール国外で生じた国外源泉所得はシンガポールに送金されない限り非課税とされますので、仮想通貨に関する所得も同様に扱われると考えます。

　例えば、シンガポールに居住し、Kraken、bitflyerやZaifなどの日本の取引所で仮想通貨取り引きを行い、利得を得た後に日本国内の自己の銀行口座に出金した場合、日本においての当該金額に関する利息については課税、シンガポールおよび日本においての当該利得の総額について非課税ということになります。

　なお、シンガポール国内において、物品などの購入の支払いに仮想通貨を使用した場合、物品税（Goods and Services Tax、GST）として、7％が課されます。また仮想通貨の

4.【IRASによる仮想通貨の課税に関する文書】https://www.iras.gov.sg/irashome/Businesses/Companies/Working-out-Corporate-Income-Taxes/Specific-topics/Income-Tax-Treatment-of-Virtual-Currencies/

取り引きを事業（Business）として行う場合には、通常の課税に服します。取引所やマイニングファームなどがその典型となります。

　なお、日本からの出国に際しては、海外転出届を住民登録窓口に提出（＝住民票を抜く）しておく必要があります。これを行わずに、実質的に日本国の非居住者となっていても後日それを証明することは煩雑ですし、また住民税は1月1日現在の住民票の所在地を基準に賦課されていますので、海外転出届を忘れずに行う必要があります。

　なお、出国日までの所得については、日本で納税を行う必要があります。

5.【タックスアンサーNo.1923　海外転勤と納税管理人の選任】https://www.nta.go.jp/taxes/shiraberu/taxanswer/shotoku/1923.htm

【タックスアンサーNo.1923　海外転勤と納税管理人の選任】

日本国内の会社に勤めている給与所得者が、1年以上の予定で海外の支店などに転勤すると、一般的には日本国内に住所を有しない者と推定され、所得税法上の非居住者となります。

非居住者の所得のうち、日本国内で発生した一定の所得については、引き続き日本の所得税が課税されます。

例えば、国内にある貸家の賃貸料などの不動産所得が一定額以上あれば、毎年確定申告書を提出しなければなりません。

このような場合には、非居住者の確定申告書の提出、税務署等からの書類の受け取り、税金の納付や還付金の受け取り等、納税義務を果たすために納税管理人を定める必要があります。

納税管理人を定めたときには、その非居住者の納税地を所轄する税務署長に「所得税の納税管理人の届出書」を提出する必要があります。この届出書を提出した以後、税務署が発送する書類は、納税管理人あてに送付されますが、確定申告書は非居住者の納税地を所轄する税務署長に対して提出します。

なお、納税管理人は法人でも個人でも構いません。

(所法2、5、7、15、120、161、164、165、166、所令15、通法12、117、通令39、通基通117関係2)

32 ▶▶▶ Chapter2　Q&A Part.1

Chapter

3

Q&A Part.2

法人で仮想通貨を持つ場合

前章の「個人で仮想通貨を持つ場合」に続き、ここでは
法人で仮想通貨を持ったり、個人から法人に切り替える
ケースを解説します。

3.1

Q5：法人で所有する注意点を教えてください

A5：タックスヘイブン税制の適用を考慮しよう

　この点は第2章のＱ1に詳述しましたが、一点補足します。詳しくは後述のQ8で解説しますが、海外法人を設立し、仮想通貨取引所のアカウントを通じ取り引きを行うケースです。この際、タックスヘイブン税制の適用を考慮しておく必要があります。

　実効税率が20％未満となる場合には、適用除外基準を満たさない限り、節税目的で設立された会社の株主に対し、日本と同額の課税となるように日本において課税されます。この場合、個人株主の場合には、「雑所得」として課税されるため、節税のメリットを享受することはできません。

3.2
Q6：個人から法人へ切り替える際の注意点を教えてください

A6：譲渡・現物出資・贈与・賃貸借それぞれの特徴を把握しよう

個人事業の資産を法人へ「どのような形態で引き継ぐか」、また「いくらで移転するか」、という点がポイントになります。大きくわけると、「譲渡」、「現物出資」、「贈与」、「賃貸借」という4つの方法が考えられます。以下、それぞれの特徴・留意点を説明します。

譲渡

いちばんオーソドックスな方法で、手続きも簡便です。

個人事業と、法人成りした後の会社ではたとえ同じ事業主が引き続き営業していたとしても全く別の事業体として考える必要があります。それゆえ、個人事業主が「売り主」、法人成りした会社が「買い主」となる通常の売買取り引きの延長と考えればわかりやすいでしょう。

留意点としては、法人側に購入資金が必要になることです。また、個人事業主は「売る」わけですから所得が発生し、仮想通貨の譲渡であれば、譲渡した年の雑所得の計算に含めなければなりません。

なお、売買価格につきましては、取り引き時の時価で行うことが望ましいです。時価よりも低い価格で譲渡（低額譲渡）する場合には、法人成りした会社は通常同族会社に

35

該当するため、結局は時価取り引きしたものとみなされ、個人（売り主）は所得を認識するようにとの指摘を受ける可能性が高いものと思われます。また法人側は、時価と譲渡価額との差額については受贈益として法人税が課税されるため、二重で課税される結果となります。時価よりも高い価格で譲渡（高額譲渡）する場合には、譲渡価格と時価との差額については、法人成りした会社から役員（個人事業主）への賞与として取り扱われることとなります。役員賞与については、税務上損金に算入することができないため、税務上は不利な結果となってしまいます。

現物出資

　株式会社には設立時に資本金が必要となります。資本金は一般的に金銭で拠出されますが、不動産や備品等の固定資産、商品在庫などの棚卸し資産を出資に充てることもできます。これを現物出資といいます。

　現物出資のメリットは、「お金」でなくても良いことですが、現物の客観的な評価のため、裁判所が選任した検査役の調査が必要となり、その分、費用と日数がかかります。定款に記載の価額が相当であるという弁護士、税理士等の証明（不動産はさらに不動産鑑定士の鑑定評価が必要）を受ける方法もありますが、専門家への報酬が別途必要なうえ、譲渡のケースと比べ手続きは煩雑となる点が現物出資を行う際のデメリットです。

　例外として、現物出資動産の総額が500万円以下の場合には、上記検査役の調査等は不要です。実務上は、出資総額を500万円以下とする方法を採るケースが多いと思われます。その際には、設立時の取締役等が「現物出資の価額が相当であるという調査報告書」が必要となり、その時の「市場価格」、「時価」で評価します。

36 ▶▶▶ Chapter3　Q&A Part.2

以上の通り、出資価額は、出資した時点における現物資産の時価で引き継がなければなりませんので、上記の譲渡のケースと同様に、個人側は、出資時点で所得が発生し、出資した年の雑所得の計算に含めなければなりません。

贈与

個人事業主が法人成りした法人に「無償で譲渡する」という行為が「贈与」です。取り引き効果としては、上記1で述べた「低額譲渡」とほぼ同じです。

メリットは、法人側に購入資金が要らないことですが、無償で「もらう」わけですから、時価相当額が受贈益とみなされ、法人税が課税されます。また、個人にも、時価で譲渡したものとして、贈与した年の雑所得として認識する必要があります。結果として、法人と個人、両方で課税される結果となり、あまり得策とは言えないと思われます。

賃貸借

所有権はそのままにして法人に「貸す」という方法です。

メリットは、法人側に資金が必要ないこと、資産の名義変更（所有権の移転）を伴わないことです。また、個人は継続的に法人から利息収入を得ることができます。利息として得た収入は雑所得に該当しますので、原則として、毎年、個人も確定申告が必要となってくると思われます。

法人化に際しては、以上のような諸々の事項を考慮のうえ、いずれかを選択することとなります。

37

3.3

Q7：個人から法人へ切り替える際のメリット・デメリットを教えてください

A7：節税などのメリットも多いが、経費の増大などのデメリットも検討しよう

　まず、個人から法人化（法人成り）する場合の税金上のメリットは以下のような点になります。

法人化のメリット

1．税率

　前述した通り、仮想通貨取り引きは雑所得に該当するため、個人の場合には所得税が5%から45%の累進税率により、住民税は一律10%の税金が課されることとなります。さらに平成49年までは所得税率の2.1%相当の復興特別所得税も課されます。その結果、所得が高い方で最高税率に該当する場合、課税所得の55.945%相当の税金が発生することとなります。

　これに対し、法人に対する平成29年度の実効税率は33.8%（東京都の外形標準事業税非適用法人の場合）となっています。つまり、一定の所得を超えると個人よりも法人の税率の方が低くなり税負担が軽くなる、この点が法人化するメリットの一つといえます。

38 ▶▶▶ Chapter3　Q&A Part.2

2．給与所得控除の適用

　個人事業の場合、収入から経費を引いたものが事業主の所得となり、その所得に対して所得税がかかってきます。

　これに対し、法人化した場合には、社長の収入などは役員報酬という給与所得となります。給与の場合、給与額面金額から給与所得控除を差し引くことができますので、一般的には個人事業の場合の所得税より税金が安くなるといわれています。

　なお、給与所得控除というのは、サラリーマンの勤務にかかる「みなし経費」のようなものとお考え下さい。一定の算式のもと、年収に応じた給与所得控除の額が所得税法で定められています。

3．所得の分散化

　個人事業の場合にも、事業専従者給与の制度はありますが、仮想通貨取り引きの場合には前述の通り雑所得に分類されるため、親族に支払う給与を必要経費にすることは原則としてできません。

　これに対し、法人の場合には、親族に対して支払った給与は、その職務内容からみて適正な金額の範囲内であれば、届け出を出さずに経費とすることができます。また、一定の金額以下であれば控除対象配偶者や扶養親族とすることも可能です。

　個人事業で、ある程度以上の所得がある人は、累進税率により税率が高くなり支払う税金も多額になります。それゆえ、法人成りして親族へ給料を支給することで、一人で負担していた所得が家族に分散され、また、家族全員の給与から上記2で述べた給与所得控除額を差し引くことができるため、世帯全体で考えると、税金を下げる結果となります。

4．損益通算

　個人が仮想通貨取り引きから得た所得は、原則として雑所得に区分されます。雑所得で損失が生じた場合には、雑所得の範囲内での損益通算は可能となりますが、給与所得、事業所得等その他所得との損益通算は認められておりません。したがって、仮想通貨取り引きで損失が生じた場合にも、給与等その他の所得と相殺することは認められず、その損失は切り捨てられることとなります。

　これに対し、法人の場合には、その利益も損失も法人全体で計算することとなります。もし法人が仮想通貨取り引きのみを行っている場合には、その仮想通貨取り引きにかかる損益が、法人全体の損益とイコールとなりますが、仮想通貨取り引き以外の他の事業も営んでいる場合には、仮想通貨取り引きから生じた損益とそれ以外の事業から生じた損益とを合算した損益が、法人全体の損益となります。つまり、仮想通貨取り引きで損失が生じたときでも、他の事業で利益が生じている場合には、双方事業の損益を通算することが可能となります。この点は、仮想通貨取り引きを行う上で、個人と法人との大きな違いといえます。

5．退職金

　個人事業の場合、本人または事業専従者に退職金を支払うことはできません。

　これに対し、法人の場合には、適正な金額の範囲内であれば経営者や親族に対して、退職金を支給することができます。退職金に対する所得税は、給料などの総合課税の所得に比べて非常に低く抑えられていますので、この退職金制度をうまく活用することで、効率的にリタイア後の資金を形成することが可能になります

6．欠損金の繰り越し

　仮想通貨取り引きの場合、ときとして損失となる年もあるかと思われます。ただし、仮想通貨取り引きの場合、原則として雑所得に区分されますので、その損失は、翌年以降に繰り越すことはできません。

　これに対し、法人の場合には、仮想通貨取り引きによる損失などにより法人全体の決算が赤字となった場合、青色申告制度を適用している法人は、一定の条件のもとに翌年以降にその赤字部分を繰り越すことができ、その翌年以降の利益と相殺することが認められています。その結果、繰り越し相殺することにより、その年の税金を減らすことができます。なお、この翌年以降に繰り越される赤字額のことを「繰越欠損金」と呼びます。この繰越欠損金は現行制度では9年間も繰り越すことができ、さらに平成30年4月1日から始まる事業年度以降で発生した繰越欠損金の繰越期間は10年間となります。

7．保険の活用

　一般的に法人成りすると経費計上できる範囲が増えるといわれており、その範囲が顕著に増えるのが生命保険などの保険料です。個人事業の場合、どんなに保険料を支払っても所得から差し引ける金額は上限12万円と決まっているため、節税効果として、ほとんど期待できません。

　これに対し、法人を契約者として保険料を支払いますと、保険の商品によっては、半額または全額を経費とすることができる保険などもありますので、法人税の節税には大きな効果を発揮します。

　生命保険を活用して退職金の準備や経営リスクの備えをするのであれば、節税効果が大きい法人で活用した方がより大きな効果を得ることが期待できるといえるでしょう。

次に、個人から法人化（法人成り）する場合の、税金上のデメリットについて説明します。

法人化のデメリット

1．法人維持費用の発生

個人の場合には必要なかった下記コストが発生し、若しくは増加します。

（1）法人設立費用

法人を設立する際に、登録免許税や定款認証手数料が発生します。合同会社の場合約60,000円〜、株式会社の場合には約21万円以上はかかります。さらに設立手続きを司法書士などの専門家にご依頼される場合には、これに手数料が数万円加算されることとなります。

（2）登記費用

法人成りすると、会社法で定められている事項について登記しなければなりません。具体的には、社名、会社の住所、事業内容、資本金の額、代表者の氏名、住所、役員の氏名などです。これら登記された事項について変更があった場合、速やかに法務局へ変更の登記を行わなければなりません。その変更の都度、変更内容に応じた登記費用が発生します。また株式会社の場合には、取締役の任期が2年から10年と法定されておりますので、必ず任期改選の都度、登記手続きが必要となります。

（3）住民税均等割り

法人の場合、住民税には所得に税率を乗じて計算する「所得割」の他に「均等割り」と呼ばれる税金を支払う必要があります。この均等割りという税金は、資本金等の額や従業者数の人数に応じて金額が定められており、利益が出ておらず欠損年度の場合であっても発生する税金となり、最

低でも年間70,000円の均等割りの負担が発生します。

（4）社会保険料の発生

　個人時代には社会保険の加入義務がなかった場合でも、法人成りすると従業員の数にかかわらず社会保険の加入義務が生じます。たとえ代表者一人の法人であっても、加入義務は生じます。社会保険に加入すると社会保険料の約半分を会社が負担することになりますので、これまで社会保険に加入していなかった場合には、かなりコスト増の印象を受けるかもしれません。

（5）経常コストの増加

　個人の確定申告書はそれほど複雑ではないためご自身で作成される方も多いのですが、法人税や地方税の申告書は非常に複雑な仕組みになっており、また申告書以外にも貸借対照表、損益計算書、個別注記表、勘定科目内訳書など提出しなければならない書類が増えます。そのため、一般的には会計事務所と顧問契約を締結し顧問料を支払って依頼することが多いと思われます。

２．現預金の使い方

　個人の場合、自分で稼いだお金は事業主のものとなりますので、自由に出し入れすることができます。一方、法人化すると法人が稼いだお金は法人の所有物になりますので、社長であっても自由に法人のお金を使うことができなくなります。

　もし、社長が個人的な目的で給料以外の金銭を法人から引き出した場合、会社から個人に対する「短期貸付金」となり、社長は、利息を付けて返済しなければなりません。自由にお金を使いたいと思われる方は、個人事業のままにしておく方が良いかもしれません。

43

3.4

Q8：海外で法人を設立し、仮想通貨を購入した場合の取り扱いはどのようになりますか？

A8：タックスヘイブン税制の適用免除でない限り、日本と同額の納税義務がある

　Q5で簡単に触れましたが、タックスヘイブン税制などに留意しなくてはなりません。タックスヘイブン税制を簡単に説明すると、租税負担割合が30％以上の場合を除き、一定の要件を満たさない限り外国で実際に負担する税額と日本で当該事業がなされた場合に課される税額の差額分を、日本に所在する株主が負担するという税制です。次の図はこの制度を説明していますが、制度適用免除にならない限り、日本で事業を行った場合と同額の税金を負担することになります。

1.【租税負担割合が30％以上の場合—トリガー税率の廃止】従来の租税負担割合による一律の判断基準（租税負担割合が20％以上の場合にはタックスヘイブン税制は適用されないという判断基準。いわゆるトリガー税率）は廃止され、租税負担割合が20％以上であったとしても、ペーパーカンパニー等の特定外国関係会社に該当する場合は当該会社のすべての所得に対して日本国内で株主に対し、合算課税されるようになります。平成30年4月1日以後に開始する事業年度から適用されます。ただし、企業の事務負担軽減の措置として、租税負担割合が30%以上のペーパーカンパニー等については、同制度の適用が免除されます。

タックスヘイブン税制の解説

居住者及び内国法人が直接または間接にその株式の50%超を保有している外国法人

外国関係会社（トリガー税率の廃止）

経済活動基準（適用除外基準）
外国関係会社に経済実態があるか否かを判定する基準
1. 事業基準：主な事業が株式の保有、著作権の提供、船舶リース等でないこと
2. 実体基準：本店所在地国に主たる事業に必要な事業所等を有すること
3. 管理支配基準：本店所在地国において事業の管理、支配及び運営を自ら行っていること
4. 次のいずれかの基準
   ➤ 所在地国基準：主たる事業が卸売業、銀行業、信託業、金融商品取引業、保険業、水運業、航空運送業又は航空機リース業以外の場合で、かつそれを主として本店所在地国で行っていること
   ➤ 非関連者基準：主たる事業が卸売業、銀行業、信託業、金融商品取引業、保険業、水運業、航空運送業又は航空機リース業の場合で、かつ非関連者との取引割合が50%超であること

特定外国関係会社

ペーパーカンパニー

事実上のキャッシュボックス

ブラックリスト国所在法人

すべてを満たす

いずれかを満たさない

会社単位の租税負担割合判定
（事務負担軽減の措置）

会社単位の租税負担割合判定
（事務負担軽減の措置）

租税負担割合が30%未満

租税負担割合が20%未満

租税負担割合が20%未満

受動的所得についてのみ合算課税
株式等の配当(持分25%以上等の一定のものを除く)にかかわる所得又は譲渡による所得等

会社単位の合算課税

45

3.5

Q9：仮想通貨の利益は事業所得になりますか？

A9：その収入によって生計を立てているかかポイント、判例を参考に

　情報第4号では、事業所得に該当する取り引きとして、以下の2つの例を示しています。

1. 事業所得者が、事業用資産としてビットコインを保有し、決済手段として使用している場合、その使用により生じた損益
2. 仮想通貨取り引きの収入によって生計を立てていることが客観的に明らかである場合、その仮想通貨取り引き

　おそらく上記1に該当するケースは、個人においてはほとんどないかと思われますので、上記2に該当するか否かがポイントになってくると思われます。

　最高裁判所昭和56年4月24日第二小法廷判決 民集35巻3号672頁ほか、過去の判例などを参考にした場合、その判断基準として考えられるのは次のような事項です。

①営利性、有償性の有無
②継続性、反復性の有無、
③自己の危険と計算における事業遂行性の有無
④取り引きに費やした精神的・肉体的労力の程度
⑤人的・物的設備の有無
⑥取り引きの目的
⑦その者の職歴、社会的地位、生活状況

以上を基準として、社会通念上事業といい得るか否かを総合的に判断することになると思われます。もう少しかみ砕いた具体的な解説は、第4章のQ14「仮想通貨の所得区分」で行いたいと思います。

Chapter 4

Q&A Part.3

課税対象となる取り引きとは

ここでは、情報第4号に掲げられている各ケースに解説を加えていく形で、課税対象となる仮想通貨取り引きに関する税務について説明します。

4.1

Q10：利益確定していなければ申告の必要はないのでしょうか？

A10：単純に保持し続けている「ガチホ」状態以外は申告が必要

　以前より、また8月タックスアンサーが出た後も、利益確定の意味をめぐってはさまざまな議論がありました。そして情報第4号により、ようやくその意味が概ね確定しました。

　すなわち、取得した仮想通貨を法定通貨に交換する、物品やサービスの購入に使用する、他の仮想通貨と交換する、などを行うことなく仮想通貨の取得後に単純に保持し続けているような状態（いわゆる、「ガチホ」といわれる状態）以外は、損益を確定する行為と解釈されます。その場合、当該仮想通貨の取得時の日本円での価格と損益確定にあたる行為の時点での価格が損益となります。

　利益確定をした結果、(1)主たる給与以外の給与の収入金額（これがある場合）ならびに(2)仮想通貨の取り引き結果を含め給与所得および退職所得以外の所得の金額の合計額が20万円を超えるに至った場合には、確定申告が必要になります。

タックスアンサー No.1900 給与所得者で確定申告が必要な人[平成30年4月1日現在法令等]

大部分の給与所得者の方は、給与の支払者が行う年末調整によって所得税額が確定し、納税も完了しますから、確定申告の必要はありません。

しかし、給与所得者であっても次のいずれかに当てはまる人は、原則として確定申告をしなければなりません。

1．給与の年間収入金額が2,000万円を超える人

2．1か所から給与の支払いを受けている人で、給与所得及び退職所得以外の所得の金額の合計額が20万円を超える人

3．2か所以上から給与の支払いを受けている人で、主たる給与以外の給与の収入金額と給与所得及び退職所得以外の所得の金額の合計額が20万円を超える人

(注) 給与所得の収入金額から、雑損控除、医療費控除、寄附金控除、基礎控除以外の各所得控除の合計額を差し引いた金額が150万円以下で、給与所得及び退職所得以外の所得の金額の合計額が20万円以下の人は、申告の必要はありません。

4．同族会社の役員などで、その同族会社から貸付金の利子や資産の賃貸料などを受け取っている人

5．災害減免法により源泉徴収の猶予などを受けている人

6．源泉徴収義務のない者から給与等の支払いを受けている人

7．退職所得について正規の方法で税額を計算した場合に、その税額が源泉徴収された金額よりも多くなる人

(注) 給与所得及び退職所得以外の所得の金額の合計額には、次の所得は入りません。

・上場株式等の配当等や非上場株式の少額配当等で確定申告をしないことを選択したもの

・特定口座の源泉徴収選択口座内の上場株式等の譲渡による所得で、確定申告をしないことを選択したもの

・特定公社債の利子で確定申告をしないことを選択したもの

・源泉分離課税とされる預貯金や一般公社債等の利子等

・源泉分離課税とされる抵当証券などの金融類似商品の収益

6 源泉分離課税とされる一時払養老保険の差益(保険期間等が5年以下のもの及び保険期間等が5年超で5年以内に解約されたもの)

(所法121、174、所令262の2、298、所基通121-5、措法3、8の5、37の11の5、41の10、41の12、災免法2、3)

4.2

Q11：仮想通貨の売却とは、どのような行為をいうのでしょうか？仮想通貨の売却、仮想通貨での商品の購入、仮想通貨と仮想通貨の交換の場合はこれに該当するのでしょうか？

A11：すべての場合が「利益確定」となるので注意が必要

まず、情報第4号に記載されているケースを紹介します。

1．仮想通貨の売却

問1 保有する仮想通貨を売却（日本円に換金）した際の所得の計算方法を教えてください。
（例）3月9日2,000,000円（支払手数料を含む。）で4ビットコインを購入した。5月20日に0.2ビットコイン（支払手数料を含む。）を110,000円で売却した。

答1 保有する仮想通貨を売却（日本円に換金）した場合、その売却価額と仮想通貨の取得価額との差額が所得金額となります。

上記（例）の場合の所得金額は、次の計算式のとおり、10,000円です。
110,000円 − (2,000,000円 ÷ 4BTC) × 0.2BTC = 10,000円
【売却価額】−【1ビットコイン当たりの取得価額】×【支払いビットコイン】=【所得金額】

2．仮想通貨での商品の購入

問2 仮想通貨での商品の購入問商品を購入する際に、保有する仮想通貨で決済した場合の所得の計算の方法を教えてください。
（例）3月9日2,000,000円（支払手数料を含む。）で4ビットコインを購入した。9月28日に155,000円の商品購入に0.3ビットコイン（支払手数料を含む。）を支払った。

答2 保有する仮想通貨を商品購入の際の決済に使用した場合、その使用時点での商品価額と仮想通貨の取得価額との差額が所得金額となります。

上記（例）の場合の所得金額は、次の計算式のとおり、5,000円です。
155,000円 − (2,000,000,000円 ÷ 4BTC) × 0.3BTC = 5,000円
【商品価額】−【1ビットコイン当たりの取得価額】×【支払いビットコイン】=【所得金額】

※上記の商品価額とは、日本円で支払う場合の支払額の総額（消費税込み）をいいます。

３．仮想通貨と仮想通貨の交換

問３ 保有する仮想通貨を使用して他の仮想通貨を購入する場合（仮想通貨と仮想通貨の交換を行った場合）の所得の計算方法を教えてください。

（例）３月９日2,000,000円（支払手数料を含む。）で４ビットコインを購入した。11月２日に他の仮想通貨購入（決済時点における他の仮想通貨の時価600,000円）の決済に１ビットコイン（支払手数料を含む。）を使用した。

答３ 保有する仮想通貨を他の仮想通貨を購入する際の決済に使用した場合、その使用時点での他の仮想通貨の時価(購入価額)と保有する仮想通貨の取得価額との差額が、所得金額となります。

上記（例）の場合の所得金額は、次の計算式のとおり、100,000円です。
600,000円 －（2,000,000円÷4BTC）× 1BTC＝100,000円
【他の仮想通貨の時価(購入価額)】 －【１ビットコイン当たりの取得価額】×【支払いビットコイン】＝【所得金額】

※上記の購入価額とは、他の仮想通貨を購入する際に支払う仮想通貨の総額を日本円に換算した金額をいいます。

問１から問３まで、いずれのケースでも３月９日に取得したビットコインを使用しており、その取得価額は、500,000円（＝2,000,000円÷4BTC）です。

問１では、0.2BTCを110,000円で売却、問２では、９月28日に155,000円の商品購入のために0.3ビットコインを使用し、問３では、11月２日に他の仮想通貨（時価600,000円）購入の決済に１ビットコイン（支払手数料を含む。）を使用しています。

ここで、共通して言えるのは、法定通貨（日本円）に換えること、商品に換えること、他の仮想通貨に換えること、いかなる場合でも、他のもの（法定通貨、仮想通貨、物品、サービスなど）に換えることは、利益確定として課税されるということです。

ビックカメラ、ヤマダ電機、にくがとう（ビットコインが使える焼き肉店として有名です）などで、ビットコインを使用した場合には、きちんと領収書をもらい、保管してください。

1.【仮想通貨の取引に関する利益は譲渡所得？】「仮想通貨の取引に関する利益は『譲渡所得』なのではないか？」(http://ascii.jp/elem/000/001/628/1628805/) という見解があり、筆者も、個人的には、譲渡所得という解釈が正しいのではないかと思います。譲渡所得は雑所得と違い、損失が出たときは原則として他の所得と通算することができる点が異なります。

4.3

Q12：仮想通貨を追加で購入しましたが、取得価額はどのように計算すればよいですか？

A12：移動平均法と総平均法で損益計算が異なり、一度選ぶと変えられないので注意

　今までのケースでは仮想通貨を１回のみ取得して、売却し、使用し、または他の仮想通貨に交換するというケースでしたが、実際には複数回、それも場合によっては数百回以上も売買しているかたもいるはずです。その場合の取り扱いについて、情報第４号に記載されているケースを通して見てみましょう。

54 ▶▶▶ Chapter4　Q&A Part.3

4. 仮想通貨の取得価格

問4　仮想通貨を追加で購入しましたが、取得価額はどのように計算すればよいですか。
（1年間の仮想通貨の取り引き例）
●3月9日
2,000,000円（支払手数料を含む。）で4ビットコインを購入した。
●5月20日
0.2ビットコイン（支払手数料を含む。）を110,000円で売却した。
●9月28日
155,000円の商品購入に0.3ビットコイン（支払手数料を含む。）を支払った。
●11月2日
他の仮想通貨購入（決済時点における他の仮想通貨の時価600,000円）の決済に1ビットコイン（支払手数料を含む。）を支払った。
●11月30日
1,600,000円（支払手数料を含む。）で2ビットコインを購入した。

答4　同一の仮想通貨を2回以上にわたって取得した場合の当該仮想通貨の取得価額の算定方法としては、移動平均法を用いるのが相当です（ただし、継続して適用することを要件に、総平均法を用いても差し支えありません。）。

①移動平均法を用いた場合の1ビットコイン当たりの取得価額
上記（例）の場合の1ビットコイン当たりの取得価額は、次の計算式のとおり3月9日時点で500,000円、11月30日時点で633,334円です。

○3月9日に取得した分の1ビットコイン当たりの取得価額
2,000,000円÷4BTC＝500,000円/BTC
〜3月10日から11月30日までの間に1.5BTCを売却又は使用〜
○11月30日の購入直前において保有しているビットコインの簿価
500,000円　　　　　　　　　×　　　　　　　　（4BTC－1.5BTC）＝1,250,000円
【この時点での1ビットコイン当たりの取得価額】【この時点で保有しているビットコイン】
〜11月30日に2BTCを購入〜
○11月30日の購入直後における1ビットコイン当たりの取得価額
（1,250,000円＋1,600,000円）　　　　　　　÷　　　　　　（2.5BTC＋2BTC）＝633,334円
【この時点での保有しているビットコインの簿価の総額】【この時点で保有しているビットコイン】
※取得価額の計算上発生する1円未満の端数は、切り上げして差し支えありません。

②　総平均法を用いた場合の1ビットコイン当たりの取得価額
上記（例）の場合の1ビットコイン当たりの取得価額は、次の計算式のとおり600,000円です。

（2,000,000円＋1,600,000円）　　　　　　÷　　　　　　（4BTC＋2BTC）＝600,000円/BTC
【1年間に取得したビットコインの取得価額の総額】【1年間に取得したビットコイン】

　　　　　　　　　　　　移動平均法と総平均法の計算方法については理解できた
でしょうか。では、実際に移動平均法と総平均法で、次の

取り引き行為の損益がどのように変わってくるのかを見て
みます。総平均法の場合、12月31日が終了するまで各取り
引き行為の損益が確定できないため、11月30日以降はビッ
トコインを購入しなかったと仮定します。

移動平均法と総平均法の比較

1ビットコイン当たりの取得価額
移動平均法を用いた場合：11月29日時点まで500,000円、11月30日時点で633,334円
総平均法を用いた場合：600,000円

○5月20日
〈0.2ビットコイン（支払手数料を含む。）を110,000円で売却した。〉
移動平均法：10,000円（問1のとおり）
総平均法：-10,000円（110,000円－（600,000円×0.2）＝－10,000円）

○9月28日
〈155,000円の商品購入に0.3ビットコイン（支払手数料を含む。）を支払った。〉
移動平均法：5,000円（問1のとおり）
総平均法：－25,000円（155,000円－（600,000円×0.3）＝－25,000円）

○11月2日
〈他の仮想通貨購入（決済時点における他の仮想通貨の時価600,000円）の決済に1ビットコイン
（支払手数料を含む。）を支払った。〉
移動平均法：100,000円（問1のとおり）
総平均法：0円（600,000円－600,000円＝0円）

○12月2日
〈他の仮想通貨購入（決済時点における他の仮想通貨の時価620,000円）の決済に1ビットコイン
（支払手数料を含む。）を支払った。〉
移動平均法：－13,334円（620,000円－633,334円＝－13,334円）
総平均法：20,000円（620,000円－600,000円＝20,000円）

このように、移動平均法と総平均法を用いる場合では損
益が異なります。一般に、価格が上昇する基調にある場合
は総平均法を用いた方が納税額が低くなる傾向があります
が、あくまで一般論であり取り引き形態により異なる結果
となります。まず取り引き履歴を整理して税額を計算し、
どちらの方式が自分の取り引きに合致しているかを決める
ことが必要です。なお一旦方式を決めたあとは変更できず、
次年以降も同じ方法で計算する必要があります。

4.4

Q13：仮想通貨が分裂（分岐）した場合はどうするべきですか？

A13：ハードフォークでの取得価額は0円になる

　2017年8月1日に仮想通貨の分裂（分岐）（以下、ハードフォークといいます）によりビットコインキャッシュが誕生しました。そのように誕生した仮想通貨については、売却または使用した時点において所得が生じることとなります。

　株式分割においては、有価証券の分割により取得した場合の扱いは、「零（ゼロ）」です。（所得税法施行令109条第4号）。

所得税法施工令より

（有価証券の取得価額）第百九条　第百五条第一項（有価証券の評価の方法）の規定による有価証券の評価額の計算の基礎となる有価証券の取得価額は、別段の定めがあるものを除き、次の各号に掲げる有価証券の区分に応じ当該各号に定める金額とする。
四　発行法人に対し新たな払い込み又は給付を要しないで取得した当該発行法人の株式（出資及び投資口（投資信託及び投資法人に関する法律第二条第十四項に規定する投資口をいう。次条第一項において同じ。）を含む。以下この目において同じ。）又は新株予約権のうち、当該発行法人の株主等として与えられる場合（当該発行法人の他の株主等に損害を及ぼすおそれがないと認められる場合に限る。）の当該株式又は新株予約権　零

〈情報第4号に記載のケース〉

問5　仮想通貨の分裂（分岐）に伴い、新たに誕生した仮想通貨を取得しましたが、この取得により、確定申告の対象となる所得は生じますか。

答5　所得税法上、経済的価値のあるものを取得した場合には、その取得時点における時価を基にして所得金額を計算します。
　　しかしながら、ご質問の仮想通貨の分裂（分岐）に伴い取得した新たな仮想通貨については、分裂（分岐）時点において取り引き相場が存しておらず、同時点においては価値を有していなかったと考えられます。
　　したがって、その取得時点では所得が生じず、その新たな仮想通貨を売却又は使用した時点において所得が生じることとなります。
　　なお、その場合の取得価額は0円となります。

　　取引所から付与される場合、また環境が整い、ウォレットから取り出せるようになった後に自ら取り出す場合などがありますが、どちらもハードフォークが生じた時点で付与されていたと考えるべきでしょう。そうでないと、偶然の事情により、課税の基礎となる額が零だったり、高額になったり、まったく異なる奇妙な結果となります。今回の情報第4号はそういうことを明確にしたと理解すべきであろうと思います。

　　では、ハードフォークとは異なるのですが、類似した形態であるエアドロップの場合には、どうでしょうか？

　　エアドロップとは、仮想通貨開発者やその運営を担う財団等が当該仮想通貨（トークン）の認知度を上げるため、またはその開発の参考やベースとした他の仮想通貨への敬意や感謝を示すなどの目的で、当該仮想通貨（トークン）を無料で配ることをいいます。

　　ByteballやStellerなどをエアドロップにより受け取った場合には、受け取った時点において、その時点の価格で取得したものとして所得税の課税対象になることで良いでしょう。「良い」というのは、ByteballやStellerなどの場合には、自らエアドロップを受けるための登録などの手続きを行ったうえで受領するからです。この場合には、受領者にエアドロップを受ける意思が認められる（民法第549条）

2.【贈与】民法第549条（贈与）：贈与は、当事者の一方が自己の財産を無償で相手方に与える意思を表示し、相手方が受諾をすることによって、その効力を生ずる。

3.（贈与等の場合の譲渡所得等の特例）第五九条　次に掲げる事由により居住者の有する山林（事業所得の基因となるものを除く。）又は譲渡所得の基因となる資産の移転があつた場合には、その者の山林所得の金額、譲渡所得の金額又は雑所得の金額の計算については、その事由が生じた時に、その時における価額に相当する金額により、これらの資産の譲渡があつたものとみなす。／一　贈与（法人に対するものに限る。）又は相続（限定承認に係るものに限る。）若しくは遺贈（法人に対するもの及び個人に対する包括遺贈のうち限定承認に係るものに限る。）

からです。エアドロップの法的な構成は原則として贈与、付与主体は財団（そうでない場合にも財団などが設定したプログラムによるもの）などゆえ、法人からの贈与と位置付けるべきでしょう。

　所得税法59条において、法人からの贈与により取得した資産については、その時の時価により取得したものとして扱われ、課税対象となります（法人からの贈与は贈与税ではなく所得税が課税されます）。従って、時価が取得価額となり、更に、売却、使用、他の仮想通貨に交換した際には、売却金額との差額が損益として認識され、課税されることになります（この構造は後述する「仮想通貨のマイニングと同じような構造になる」と記憶していただくのが良いと思います）。

　所得区分としては、エアドロップによる仮想通貨の取得時においては、一時所得または雑所得（事業所得）のいずれかに分類されます。一時所得については、法人から贈与された金品（業務に関して受けるもの、継続的に受けるものは除きます。）が含まれます。以上から、継続的に受けるものではないものは、雑所得（事業所得）になります。

　つまり、Stellerなどのエアドロップは一時所得、NEOのGasなどの継続的になされるエアドロップは雑所得（事業所得）になるものと思われます。Byteballの場合は、どうでしょうか？10回ほど実施されていますので、NEOのGas同様、雑所得（事業所得）とするのが良いでしょう。

4.5

Q14：仮想通貨に関する所得の所得区分を教えて下さい

A１４：マイニングによる所得と合わせて説明します

　ここでは、どのような基準で事業所得になり、雑取得になるのかが主な論点となりますが、この点は、「仮想通貨のマイニング」の説明と併せて取り扱いたいと思います。

〈情報第４号に記載のケース〉

問6　仮想通貨に関する所得の所得区分問タックスアンサーによると、ビットコインを使用することにより生じる損益（日本円又は外貨との相対的な関係により認識される損益）は、原則として、雑所得に区分されるとされていますが、雑所得以外に区分される場合には、どのような場合がありますか。

答6　ビットコインをはじめとする仮想通貨を使用することによる損益は、事業所得等の各種所得の基因となる行為に付随して生じる場合を除き、原則として、雑所得に区分されることとしていますが、例えば、事業所得者が、事業用資産としてビットコインを保有し、決済手段として使用している場合、その使用により生じた損益については、事業に付随して生じた所得と考えられますので、その所得区分は事業所得となります。
　このほか、例えば、その収入によって生計を立てていることが客観的に明らかであるなど、その仮想通貨取り引きが事業として行われていると認められる場合にも、その所得区分は事業所得となります。
※仮想通貨を使用することにより利益が生じた場合の課税関係（所得区分）については、タックスアンサーにも記載しております。
https://www.nta.go.jp/taxes/shiraberu/taxanswer/shotoku/1524.htm

　なお、ここで扱うのが必ずしも適切ではないかも知れませんが、タックスアンサーが関連コードとして挙げているハッキングなどにより取引所内に保管していた仮想通貨が流出した場合の補償についても触れておきます。

〈情報第4号に記載のケース〉

1525　仮想通貨交換業者から仮想通貨に代えて金銭の補償を受けた場合[平成30年4月1日現在法令等]

問　仮想通貨を預けていた仮想通貨交換業者が不正送信被害に遭い、預かった仮想通貨を返還することができなくなったとして、日本円による補償金の支払いを受けました。

この補償金の額は、預けていた仮想通貨の保有数量に対して、返還できなくなった時点での価額等を基に算出した1単位当たりの仮想通貨の価額を乗じた金額となっています。

この補償金は、損害賠償金として非課税所得に該当しますか。

答　一般的に、損害賠償金として支払われる金銭であっても、本来所得となるべきもの又は得べかりし利益を喪失した場合にこれが賠償されるときは、非課税にならないものとされています。

ご質問の課税関係については、顧客と仮想通貨交換業者の契約内容やその補償金の性質などを総合勘案して判断することになりますが、一般的に、顧客から預かった仮想通貨を返還できない場合に支払われる補償金は、返還できなくなった仮想通貨に代えて支払われる金銭であり、その補償金と同額で仮想通貨を売却したことにより金銭を得たのと同一の結果となることから、本来所得となるべきもの又は得られたであろう利益を喪失した部分が含まれているものと考えられます。

したがって、ご質問の補償金は、非課税となる損害賠償金には該当せず、雑所得として課税の対象となります。

なお、補償金の計算の基礎となった1単位当たりの仮想通貨の価額がもともとの取得単価よりも低額である場合には、雑所得の金額の計算上、損失が生じることになりますので、その場合には、その損失を他の雑所得の金額と通算することができます。

(所法35、36)

https://www.nta.go.jp/taxes/shiraberu/taxanswer/shotoku/1525.htm

---

　上記は、いわゆるコインチェック事件の顛末として行われた補償についての税務上の取り扱いに関するタックスアンサーです。

　2018年1月26日、仮想通貨取引所コインチェックが何者かによる不正アクセスを受け、約580億円相当の仮想通貨が不正送金される事件が起こりました。ターゲットにされたのは顧客がコインチェックに預けていた「NEM（ネム）」でした。2月5日時点でコインチェックは、ビットコイン以外の仮想通貨のほぼ全ての取り引きと日本円の出金を停止しました。その後、1月26日に「不正送金されたNEMの補

償について」として、次のような補償方針が示され、補償
がなされました。

〈情報第４号に記載のケース〉

「不正送金されたNEMの補償について」
総額 ： ５億2300万XEM
保有者数 ： 約26万人
補償方法 ： NEMの保有者全員に、日本円でコインチェックウォレットに返金いたします。
算出方法 ： NEMの取扱高が国内外含め最も多いテックビューロ株式会社の運営する仮想通貨取引所ZaifのXEM/JPY (NEM/JPY) を参考にし、出来高の加重平均を使って価格を算出いたします。算出期間は、CoincheckにおけるNEMの売買停止時から本リリース時までの加重平均の価格で、JPYにて返金いたします。
算出期間 ： 売買停止時（2018/01/26 12:09 日本時間）〜本リリース配信時（2018/01/27 23:00 日本時間）
補償金額 ： 88.549円×保有数
補償時期等： 補償時期や手続きの方法に関しましては、現在検討中です。なお、返金原資については自己資金より実施させていただきます。

当該補償については、上記タックスアンサーの如く、非課税となる損害賠償金には該当せず、雑所得の区分となり、課税の対象になることとされました。しかしながら、本来ならば、損益が生じなかったはずの顧客にそれを生じさせてしまうような補償方法は避けるべきでしょう。また確定申告・納税時期が差し迫った時期に出金を長らく止めてしまったことは大きな問題だと思われます。

〈情報第４号に記載のケース〉

問９ 仮想通貨をマイニングにより取得した際の所得の計算方法を教えてください。

答９ いわゆる「マイニング」（採掘）などにより仮想通貨を取得した場合、その所得は、事業所得又は雑所得の対象となります。
この場合の所得金額は、収入金額（マイニング等により取得した仮想通貨の取得時点での時価）から、必要経費（マイニング等に要した費用）を差し引いて計算します。
　なお、マイニング等により取得した仮想通貨を売却又は使用した場合の所得計算における取得価額は、仮想通貨をマイニング等により取得した時点での時価となります。

所得区分

　所得は、その性格により区分されますので、仮想通貨に関係する損益のすべてが雑所得とはなるわけではありません。

　情報第4号その冒頭で、「ビットコインをはじめとする仮想通貨を売却または使用することにより生じる利益については、事業所得等の各種所得の基因となる行為に付随して生じる場合を除き、原則として、雑所得に区分」されるとし、その末尾では、「マイニング（採掘）などにより仮想通貨を取得した場合、その所得は、事業所得又は雑所得の対象」としています。

　マイニングを事業的規模で行うような場合は、事業所得となり、仮想通貨の売買により生じる所得であっても、取引所のような場合には、事業所得に分類されることとなります。

　しかしながら、マイニングによる所得が事業所得に該当するかどうかは、必ずしも明確ではありません。というのは、事業所得とは何かについては、所得税法も、所得税法施行令も例示列挙しているだけで、定義を行っていないためです。

　第3章のQ9で解説したように、判例では事業所得とは①自己の計算と危険において独立して営まれ②営利性、有償性を有し、かつ③反復継続して遂行する意思と④社会的地位とが客観的に認められる業務から生ずる所得（最高裁判所昭和56年4月24日第二小法廷判決・民集35巻3号672頁参照）とされています。

　マイニングファームなどを自ら設けている、マイニングを相当規模で行い、生計を立てているなどの場合には、事業所得として良いでしょう。

　なお、判例の定義によって区分することが不明な場合に

は、管轄税務署に相談されるのが良いと思います。なお、雑所得として区分するのであれば、税務署の問題は生じないと思います。事業所得よりも雑所得に区分する方が不利であること先述のとおりであるがゆえですが、以降も事業規模などに変更がない場合には、雑所得で申告する必要があるかと思います。

収入の計上

　収入の計上時期については、その収入が「実現」した時点になり、①単独でマイニングをする場合にはマイニングに成功した時点、②マイニングプールに接続し、貢献割合に応じて報酬を受け取る場合には分配額が確定した時点、③その他契約に基づいて、マイニング報酬を受け取る場合には、契約により、受け取る報酬が確定する時点となります。

　なお、マイニング報酬を再投資し、新たなマイニングマシンの割り当てや貢献割合の増加を図ることがあるかと思います。この場合も、上記の①から③の原則に従うことになります。手元に現金化できる仮想通貨がないにもかかわらず、納税をすることを避けるには、契約により報酬の確定が実際に仮想通貨を受け取る時点まで、また一定額に達するまで払い出しができないなどの場合には、当該一定額に達するまでは仮想通貨の所有権や持ち分の移転が生じないなど、契約による合意などが必要です。

　マイニング報酬に関する収入の計上金額については、報酬の計上がなされる時点の当該仮想通貨の時価を計上します。具体的には、取引所のレートに基づいて円換算した金額となり、この点は海外の取引所で仮想通貨を購入した場合に使用しているレートと同じレートを使用すべきでしょう。

Chapter 5

仮想通貨取り引きの申告には、税理士の協力を！

タックスプランニングの重要性を認識しよう

仮想通貨では、将来の課税所得についての計画を立てる「タックスプランニング」を税理士のアドバイスを得てあらかじめ行っておくべきです。やみくもに取り引きを行うと、ともすれば納税のために仮想通貨を売却することが必要になります。この売却によりさらに翌年の納税額が膨らみます。最悪の場合は納税できず、破産に至ることもあります。

5.1
仮想通貨の確定申告には税理士が必要！

個人でも確定申告を行うことはもちろん可能ですが、非常にシンプルな取り引きをされている場合を除き、税理士に依頼する必要があります。

　仮想通貨にかかわる確定申告については、いくつかのアプリやエクセルシートも提供されています。本書の前年度版では、「代表的なものを紹介しますが、どのアプリ、エクセルなどという言及は避けますが「良くできているな」と思うものもありました」と記載しましたが、税理士によるバックアップ体制があるもの、例えば、tax@cryptactなどは使用してみて良いのではないかと思います。私の主催にしている「デジタル通貨アカデミー」でも、使用された方はかなりおられました

　全ての取り引きがアップロードされずにポジション数量に不整合を検出した場合や、tax@cryptactが用意するデータに欠落があった場合、安全のため該当取り引きの処理を中止する、「未分類取り引き」の表示、カスタムファイルを作成し、対応していない取り引き（未対応取引所、商品購入、決済、ICO、マイニングなど）をアップロードすることができる、税理士による支援とのリンクなども用意されてきています。その他のツールも、充実されてきていますので、税理士によるサポートがあるものは使っていくというフェーズに入ってきていると思います。

66 ▶▶▶ Chapter5　仮想通貨取り引きの申告には、税理士の協力を！

〈仮想通貨の確定申告ツールの例〉

BITCOINTAX	https://bitcointax.jp/tax/ （IT メディアによる紹介記事：http://www.itmedia.co.jp/news/spv/1802/15/news055.html）
仮想通貨申告計算ツール	http://urx.mobi/lh81 https://drive.google.com/file/d/ 1M_SQUgRb4jXiv3nklqTLaPdaBdU33_ZF/view
損益計算してくれるすげーやつ	http://crypto-tax.sasaki.website/
Coin Tool	https://www.cointool.jp/ （Cnet による紹介記事：https://m.japan.cnet.com/amp/story/35113040/?_twitter_impression=true）
tax@cryptact	https://tax.cryptact.com/ https://bitflyer.com/pub/bitflyer-and-cryptact-ja.pdf（プレスリリス PDF）
仮想通貨と確定申告シリーズ 1〜20	http://www.kurashinocc.tokyo/archive/category/%E7%A2%BA%E5%AE%9A%E7%94%B3%E5%91%8A
G-tax	https://crypto-city.net/

これらのアプリやサービスを利用するにしても、以下のような課題・問題が残されています。仮想通貨関係の確定申告は、やはり原則として税理士に依頼すべきだと思います。

1. 計算のプロセスを充分に検証できない（計算式などがブラックボックス化されている

2. Webにアップロードし、手元に十分な帳票が残らない

3. 常にアップデートされていく保証がない（継続性が維持できるかという問題）

4. （理論的には）仮想通貨で入金がなされた場合の単価を持ちうるはずがない。（例えば、自らのウォレットに保管していたビットコインにも移動平均法または総平均法で計算された価格が与えられてしまう。それをbitflyerに送り、モナコインを購入したとすると、この場合の利益額は、入金時期、入金額、購入時期、購入数量が全くおなじでも、個々人により損

益が異なります。このあたりの損益の確定はどうい
うロジックで可能なのかは不可解です。)

　私自身は、上記に対する考慮からこれらのアプリ、エク
セル、Webサービスは、当面のところ主に期中に自分の損
益がどのくらい出ているのかの目安を得るために使用する
程度が良いように思っています。

5.2
税理士の中でも選別が必要です（しかし税理士もクライアントを選別します）

確定申告には税理士が必要ですが、どのような税理士に依頼するかも考慮する必要があります。

　ベストな選択は、自身でも仮想通貨取り引きを行い、熟知されている税理士（以下「エキスパート税理士」といいます）を選択することです。取り引きの方法、性格、通貨の種類、その特徴など、ある程度以上の皮膚感覚を持っていないと、依頼する側も、依頼される税理士も情報共有に膨大な時間を要することになるからです。とはいえ、そのような税理士を探すことは容易ではないと思います。

　筆者の友人で、仮想通貨のことは何でもこなせるレベルの方がいます。当然取り引き記録などもすべて揃えられますし、説明も理路整然とできます。ただし、税理士に依頼して確定申告を行うのは2018年の確定申告がはじめてでした。申告に際し、近隣で10件ほどの税理士事務所に損益計算と確定申告を依頼できるかと問い合わせたところ、全滅でした。最終的には、対応してくれる税理士事務所を見つけたとの連絡を受けましたが、申告自体かなり複雑な上に需要も高いことから「一見さんお断り」との対応が多かった模様です。はてさて、今後はどうなっていくでしょうか？

　ここでは、どのようにして対応をしてくれる適切な税理士を探すのが良いのかについて、筆者の考える方法を記しておきます。

69

従来から税理士に確定申告を依頼していた場合

　税理士（便宜上、顧問契約の有無を問わず、以下「顧問税理士」といいます）に従来から確定申告を依頼していた場合には、それほど困難を伴わないと思います。確定申告までのプロセスは次の通りです。

1．顧問税理士に相談。
2．顧問税理士による対応が難しい場合、仮想通貨に関する損益計算に対応している、他の税理士を使ってもらう（他の税理士を紹介してもらうのもありえますが、その場合、従来からの事項の引き継ぎ等まで考慮せざるを得なくなります。多少金額は増えても、連携してもらい、その結果から仮想通貨の損益計算について、今後のために顧問税理士に習得してもらうのが良いと思います）。
3．他の税理士からの損益計算と他の事業等の損益をもとに、顧問税理士が申告書を作成し、提出。

税理士に確定申告を行うのが始めての場合

　仮想通貨取り引きのエキスパート税理士に依頼できればベストですが、かなり困難です。その場合次のような方法をとるしかないと思われます。

方法1

1．筆者の友人がとった方法と同様、税理士事務所に次々と連絡（近隣の事務所、Googleなどでの検索結果、広告に表示された事務所を問わないものとします）
2．対応可能性がある旨の回答をもらった税理士事務所

70 ▶▶▶ Chapter5　仮想通貨取り引きの申告には、税理士の協力を！

を訪問し、相談。ここがポイントになりますが、その際、自分の取り引き記録などの資料がすべて揃っていること、すべてではないにしてもほとんど揃っていることが前提となります（ただし、それすら間に合わない場合はとにかく訪問してください）。依頼を受ける税理士の立場としては不正な申告につながるような依頼は受けたくないのは当然です。訪問したい際に、色々と質問を行うことも重要です。本当に依頼して大丈夫なのか否か、少なくとも仮想通貨の税務を理解しているか否かの確認のため、本書をもとに質問してください。

3. 他に申告すべき所得があれば、その旨も告げて下さい。例えば、ネットショップなどの運営をしていればその損益計算なども必要になるので、受けられるか否か、受けられる場合にも価格が異なります。この段階で、概算となると思いますが、スケジュールと価格を確認します。

4. 上記の1から3の結果にもとづき確定申告の依頼先を選定します。

方法2

1. 先に紹介したアプリやWebサービス中には、税理士への依頼をパッケージで提供しているものもあります。この場合には、仮想通貨について詳しい税理士か否かは面談以前に相当程度明らかでしょう。自分の取り引き形態との適合性（開設している取引所とアプリやWebサービスがカバーしている範囲との合致程度など）をチェックします。

2. 適合性の高いアプリやサービスに登録し、税理士のサポートも同時に申し込みます。

方法1、方法2のどちらでも良いので、仮想通貨に関す

る確定申告を行うに際しては、税理士を探すことをお勧め
します。

　税理士に確定申告の他、会計や税務にかかわる事項を依
頼していた場合、運用の変更、立法的な手当てに関する情
報も迅速に入手することができ、自身の取り引き方法・取
り引き形態にも反映できます。仮想通貨の取り引きには、
税理士のアドバイスと協力が必要だと考えます。

タックスプランニング

　2017年は、8月タックスアンサーが出され、情報第4号
が出された時点で、仮想通貨投資を行っていた多くの方が、
驚き、落胆し、慌てたのではないかと思います。仮想通貨
の税務については、株式やFXなどのような立法的な手当
てが未だ充分になされてはいないため、これからも同様の
ことがあるかも知れません。

　筆者の場合にはどうだったかというと、確かに少し落胆
はしましたが、慌てることはありませんでした。

　落胆の理由は、「仮想通貨と仮想通貨間の交換」が損益の
実現にあたるという解釈のため、当該類型に該当する取り
引きを積極的に行うことはできないという落胆です。逆に
慌てることがなかったのは、あらかじめ「どういう取り引
きを行うか」について計画をしていたからです。

　仮想通貨の取り引きを始めるに際し、実は、本書の監修
をお願いした税理士の浜部理恵先生に相談していました。
その時点では8月タックスアンサーも情報第4号も出され
ていない状態でしたので、浜部先生から過去のFXの例な
ども考慮しつつ、次のようなアドバイスを頂いていたから
です。

【浜部先生のアドバイス】

1. 仮想通貨を購入するのは良いですが、「法定通貨に換える」のは、可能なかぎり、控えてください。法定通貨に換えることが必要な場合には、納税額を考慮のうえ、当該期中の適切な時期に行うのが良いでしょう。立法化がなされるとしても、FXの例をみるようにかなりの期間を要します。

2. 「仮想通貨で仮想通貨を購入する」のも、含み益の現実化と解釈される可能性が高いです。通達、立法等で明らかになるまで、これも課税対象になるという前提で取り引きをされるのが良いでしょう。

【立案した取り引き方針】

以上を前提に、どのような取り引きを行うかを考え、次のような方針をたてました。

1. 価格変動を起因とした、法定通貨への交換は一度のみ行う（きちんと交換され、出金ができるかを確認するため）。

2. 「仮想通貨で仮想通貨を購入する」のは、原則として、ICO（Initial Coin Offering）に参加する場合と、取引所内で長期保有を目的として購入する優良なアルトコインに限定する（いわゆる草コインも少しは買っていましたが、原則に戻しました。2018年に入り、損切りを行いました）。

3. ビットコイン、イーサリアム、リップルなどの通貨は損切りもしない（安値で買い戻す際に仮想通貨を用いるとそれも課税の対象となるため）。その他のアルトコインについては、躊躇なく損切りも行い、ビットコインやイーサリアムに戻す。

全ての取り引きを方針通りにできているわけではないの

---

1. 【ICO】ICOとは、Initial Coin Offeringの略称で、新規仮想通貨公開を意味します。もともとは、IPO（Initial Public Offering。新規株式公開株）などと同様、取引所での新規仮想通貨取引開始を称することを示し、それ以前の取り引きをクラウドセール、プレセール、トークンセールなどと区別して使われていましたが、現在はこれらと同じ意味でつかわれる用語となっています。仮想通貨が取引所で取り引きを行われる以前に投資を募る方法として用いられ、オンライン上で多くの人から資金を募るクラウドファンディングなどに似た仕組みとなっています。

ですが、概ね方針通りに取り引きを行うことで、法制度が変更される、新たな通達等がでるなどの場合も慌てずに対応できます。

　将来の課税所得の発生についての計画を立てる「**タックスプランニング**」は、税理士のアドバイスを得てあらかじめ行っておくべきです。特に仮想通貨の取り引きについては必要不可欠です。深く考えずやみくもに取り引きを行うと、仮想通貨そのものによる納税が認められていない以上、納税のために仮想通貨を売却することが必要になります。この売却により、今度は翌年の納税額が膨らみます。その結果、最悪の場合は翌年に納税ができず、破産に至ることもあります。

　タックスプランニングはたいへん重要なのです。

Chapter 6

仮想通貨の申告

自分でもできる？

確定申告は個人で行ってもかまいません。でも、時間と
コストが……。さて、本当に自分で申告するのが良いの
でしょうか？その際、正確性を担保する方法はあるので
しょうか？このChapterでは自分で申告を行う場合の仮
想通貨にかかわる申告書作成のプロセスを説明します。

6.1
仮想通貨の確定申告──その流れ

　まず、全体の流れを記しておきます。この部分を読んでうんざりしてしまった方は、このChapterはスキップされて結構です。

①最初の作業──みんなに共通の作業

最初に次の作業を行います。

1．使用している取引所およびウォレットの全取り引き履歴をCSVなどの形式で取得する。

2．自らがもっとも使いやすいフォーマットに合わせて、すべての取り引き記録を整理する。

　同一フォーマットでなくとも良いのですが、その場合、損益を計算するのに多大な工数がかかります。なお、フォーマットは自分で準備しても良いし、取引所が提供しているCSVのフォーマット（但し、エクセルに変換して保存しないと入力データなどが消失しますので、必ず変換してください）を使用しても構いません。私の場合には、次のようなクラーケンのフォーマットに各通貨の保有数推移を加えたもの使用しています（本書特典として提供しているフォーマットです）。

　このようなフォーマットを使用するとして、どのくらいの数を作成するのかですが、私の場合では、ウォレットで20シート、取引所数で20シート前後を作成することになってしまっています。

クラーケンのフォーマット

20シート前後を作成することになってしまう

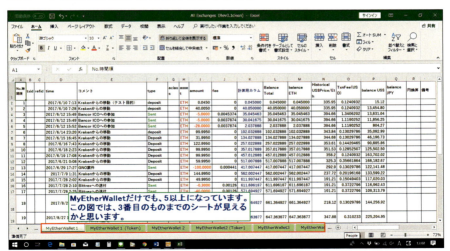

税理士を使わず、自ら申告する場合には、当該シートに記載された取り引きデータ1件1件について、損益を自分で計算し、確定していく作業を行うことになります。多品種少量生産のメーカーにおける原価計算といったイメージの作業です。

3. さらに日本円と仮想通貨間での取り引き以外の取り引きについて、日本円ベースでの損益を確定するために必要な価格（例えば、1,000EOSをBTCに交換した場合、当該時点におけるBTCの日本円価格）を時系列で示した価格表を作成します。

　以上が前提として必要となる作業——というより必須となる作業です。この作業は税理士に確定申告を委託する場合にも必要となります。
しかし、税理士に確定申告を委託する場合には、これで自らが行う作業はほぼ完了です。残りの作業は、ハードウォレットの購入代金、ミートアップへの参加費用等々の領収書などのエビデンス類の整理・提出、仮想通貨関係以外の所得（給与所得や事業所得など）の算定とそれにかかわる費用等々の領収書などのエビデンス類の整理・提出程度です。
あとは、あなたの税理士が準備を行い、質疑応答等を通じ、確定申告・納税までのプロセスをサポートしてくれます。

②損益確定作業——自分で申告を行う場合

　では、自分で申告を行う場合、どのようになるのでしょうか？
　ひとつケースをとありあげ、どのような作業をおこなうことになるのか、説明してみることにしましょう。
　2017年7月1日にTezosのクラウドファンディング、いわゆるICOが実施されました。あえて、この事案を取り上

げました理由は、内紛の影響もあり、トークンの配布すら危ぶまれたのがTezosのプロジェクトで、仮にプロジェクトが消失していた場合には、2019年3月の申告で損失として処理することになる可能性もありましたがためです。

ICOでは、1ビットコインあたり、6,000 Tezos（XTZ）が配布されました。

Tezosのケース

【ICO時点におけるトークンの割り当て】
1 BTC = 6,000 XTZ
【2017/7/1 17:48　Tezosクラウドファンディングに参加】
　3.5 BTC相当のTezosを購入。21,000 XTZ相当が割り当てられる。
SentBTC-3.501268130.00126813 (送金手数料額)
【2018年10月1日現在の価格】
1 XTZ = 0.00020248 XTZ
　(https://coinmarketcap.com/currencies/tezos/historical-data/)

当該価格で、21,000 XTZを売却し、4.2521 BTCを取得。当日の終値で、1 BTC = 6,589.62 USD（https://coinmarketcap.com/currencies/bitcoin/historical-data/）ゆえ、USD28,019.59相当のBTCを取得。USD28,019.59は、当日のドル円為替レート終値が113.92円（https://jp.investing.com/currency-converter/?tag=Cryptocurrency）ゆえ、日本円換算で3,191,991.69円を取得したことになります。Chapter4のQ11の問3の事例にある、仮想通貨と仮想通貨の交換にあたり、損益を確定する必要がある取り引きとなります。

そこで、Tezosの取得価格を計算します。Chapter4で説明しましたが、取得価格の算定には、移動平均法と総平均法があります。2018年3月に移動平均法を採用した場合と総平均法を採用した場合の双方について算定してみましょう。

次の表の形でビットコインの取得価格の計算を行ってみました。

まず移動平均法で計算してみます。2017年7月1日までのビットコインの購入単価は1 BTCあたり275,447

ビットコインの取得価格の計算

日付け	終値	BTC購入数	BTC購入金額	BTC累計購入数	BTC累計購入金額	BTC購入単価（移動平均法）	BTC購入単価（総平均法）
2017/5/23	269,081	0.10	26,908.10	0.10	26,908.10	269,081.00	
2017/5/24	286,600	0.00	0.00	0.10	26,908.10	269,081.00	
2017/5/25	273,581	0.30	82,074.30	0.40	108,982.40	272,456.00	
2017/5/26	273,820	0.10	27,382.00	0.50	136,364.40	272,728.80	
2017/5/27	252,231	0.70	176,561.70	1.20	312,926.10	260,771.75	
2017/5/28	254,230	0.00	0.00	1.20	312,926.10	260,771.75	
2017/5/29	265,021	0.00	0.00	1.20	312,926.10	260,771.75	
2017/5/30	250,591	0.70	175,413.70	1.90	488,339.80	257,020.95	
2017/5/31	265,000	0.00	0.00	1.90	488,339.80	257,020.95	
2017/6/1	271,493	0.00	0.00	1.90	488,339.80	257,020.95	
2017/6/2	278,776	0.00	0.00	1.90	488,339.80	257,020.95	
2017/6/3	295,000	0.00	0.00	1.90	488,339.80	257,020.95	
2017/6/4	286,467	0.10	28,646.70	2.00	516,986.50	258,493.25	
2017/6/5	302,751	0.00	0.00	2.00	516,986.50	258,493.25	
2017/6/6	318,499	0.00	0.00	2.00	516,986.50	258,493.25	
2017/6/7	298,636	0.30	89,590.80	2.30	606,577.30	263,729.26	
2017/6/8	310,665	0.00	0.00	2.30	606,577.30	263,729.26	
2017/6/9	312,225	0.00	0.00	2.30	606,577.30	263,729.26	
2017/6/10	322,357	0.00	0.00	2.30	606,577.30	263,729.26	
2017/6/11	329,490	0.00	0.00	2.30	606,577.30	263,729.26	
2017/6/12	320,000	0.00	0.00	2.30	606,577.30	263,729.26	
2017/6/13	306,433	0.10	30,643.30	2.40	637,220.60	265,508.58	
2017/6/14	278,400	2.00	556,800.00	4.40	1,194,020.60	271,368.32	
2017/6/15	275,733	1.00	275,733.00	5.40	1,469,753.60	272,176.59	
2017/6/16	285,309	0.00	0.00	5.40	1,469,753.60	272,176.59	
2017/6/17	302,339	0.00	0.00	5.40	1,469,753.60	272,176.59	
2017/6/18	287,471	1.00	287,471.00	6.40	1,757,224.60	274,566.34	
2017/6/19	291,423	0.00	0.00	6.40	1,757,224.60	274,566.34	
2017/6/20	302,564	0.00	0.00	6.40	1,757,224.60	274,566.34	
2017/6/21	297,537	0.00	0.00	6.40	1,757,224.60	274,566.34	
2017/6/22	303,596	0.00	0.00	6.40	1,757,224.60	274,566.34	
2017/6/23	302,777	0.10	30,277.70	6.50	1,787,502.30	275,000.35	
2017/6/24	293,782	0.10	29,378.20	6.60	1,816,880.50	275,284.92	
2017/6/25	292,000	0.00	0.00	6.60	1,816,880.50	275,284.92	
2017/6/26	273,706	1.00	273,706.00	7.60	2,090,586.50	275,077.17	
2017/6/27	283,781	0.00	0.00	7.60	2,090,586.50	275,077.17	
2017/6/28	289,382	0.00	0.00	7.60	2,090,586.50	275,077.17	
2017/6/29	290,533	0.00	0.00	7.60	2,090,586.50	275,077.17	
2017/6/30	280,405	0.50	140,202.50	8.10	2,230,789.00	275,406.05	
2017/7/1	278,764	0.10	27,876.40	8.20	2,258,665.40	275,447.00	
2017/12/1	1,229,009	0.10	122,900.90	8.30	2,381,566.30	286,935.70	
2017/12/2	1,229,821	0.30	368,946.30	8.60	2,750,512.60	319,827.05	
2017/12/3	1,259,680	0.10	125,968.00	8.70	2,876,480.60	330,629.95	
2017/12/4	1,292,430	0.10	129,243.00	8.80	3,005,723.60	341,559.50	
2017/12/5	1,326,802	0.10	132,680.20	8.90	3,138,403.80	352,629.64	
2017/12/6	1,548,922	0.00	0.00	8.90	3,138,403.80	352,629.64	
2017/12/7	2,085,778	0.00	0.00	8.90	3,138,403.80	352,629.64	
2017/12/8	1,890,603	0.20	378,120.60	9.10	3,516,524.40	386,431.25	
2017/12/9	1,768,000	0.20	353,600.00	9.30	3,870,124.40	416,142.41	
2017/12/10	1,728,304	0.10	172,830.40	9.40	4,042,954.80	430,101.57	430,101.57

円、3.50126813BTCは964,413.80円相当となり、これが21,000XTZの取得価格となります。従って日本円換算で3,191,991.69円にてTezosをBTCに交換しています。当該取り引きの利益は次の通りです。

当該取り引きの利益

3,191,991.69円 － 964,413.80円 = 2,227,577.89円

移動平均法の計算結果

購入時:	1BTC = 275,447.00円 3.50126813BTC = 964,413.80円
売却時:	21,000XTZ = 4.2521 BTC = 3,191,991.69円
利益:	3,191,991.69円 － 964,413.80円 = 2,227,577.89円

次に、総平均法で計算してみましょう。2017年を通じて、取得したBTCの総平均法での価格は、430,101.57円です。Tezosの取得価格は3.50126813BTCは1,505,900.92円相当となり、これが21,000XTZの取得価格となります。従って、日本円換算で3,191,991.69円にてTezosをBTCに交換していますので、当該取り引きの利益は次の通りです。

当該取り引きの利益

3,191,991.69円 － 1,505,900.92円 = 1686090.77円

となります。

総平均法の計算結果

購入時:	1BTC = 430,101.57円　3.50126813BTC = 1,505,900.92円
売却時:	21,000XTZ = 4.2521 BTC = 3,191,991.69円
利益:	3,191,991.69円 － 1,505,900.92円 = 1686090.77円

如何でしょうか？たったひとつの取り引きの損益計算だけでも複雑だ思われたのではないでしょうか？なお、ここでは、送金手数料を別途分けて計算せず、取得価格に含めて計算しています。結果は同じになりますが、本来は取得価格とそれにかかわる費用として計算すべきものだと思い

ます。

③確定申告書の作成

　上記のような作業を1件ずつ取り引きについて地道に行い、仮想通貨取り引きにかかわる損益計算を完了させれば、今度は確定申告書の作成です。本書は、仮想通貨の税務に関して取り扱うもので、確定申告全般について取り扱うものではないので、いくつかポイントについてのみ、簡潔に記すのみとします。

1. 「確定申告書A」と「確定申告書B」
　「確定申告書A」は、所得の種類が給与所得や公的年金等・その他の雑所得、配当所得、一時所得のみで、予定納税のない方が使用します。会社員やパートの方などが医療費控除や住宅ローン控除を受ける場合、基本的に確定申告書Aを使用します。「確定申告書B」は、上記以外の事業所得や不動産所得がある方などが使用します。個人事業主は、白色申告の場合でも青色申告の場合でも、「確定申告書B」で申告します。

2. 仮想通貨による所得が雑所得であることの意味
　Chapter1で述べましたように、雑所得は、他の所得（給与所得など）などと合算して所得税を計算する総合課税制度（累進課税5％から45％、復興特別所得税＝所得税の額の2.1％相当額、住民税10％）が適用されます。それゆえ、雑所得以外の所得により、適用される税率が異なります。申告書作成に際しては、先ずは仮想通貨による所得が分類される雑所得以外の所得を確定するのが良いかと思います。

82 ▶▶▶ Chapter6　仮想通貨の申告

6.2
仮想通貨に関する納税作業の簡素化

　1件、1件の取り引きをきちんと順を追って計算していけば、損益計算はいつか終わります。しかし、複雑であるがゆえ、ひとりで当該作業を行うことが、誤りを生じさせる可能性を高めていると言えましょう。また2018年3月の確定申告に際し、筆者自身が取引所およびウォレットの全取り引き履歴を整理するのに毎日3時間程度の作業を9月から開始し、ほぼ2か月を要しています。

　その結果をもとに、浜部先生に納税額をシミュレーションして頂き、12月度は損切、ビットコインやイーサリアムの買い増し（総平均法を採択した場合の購入単価を上げる作業となります）などで、納税額を含み益に回すなどの処理を行いました。取引量にもよりますが、浜部先生にお願いしないで、節税を行うこと、確定申告書を期限までに準備することは不可能だったといえます。

　筆者の経験からも、仮想通貨に関する確定申告は、複雑な計算も日々の業務として効率的に行っているプロの税理士、それも組織的に運営されている税理士事務所に委ねるのが適切であると思われます。とりわけ、FX取り引きやアービトラージなどの取り引きも行っている場合、個人では申告手続きを行うべきですらないと思われます。

　個人で申告を行うレベルは、あえてそれを設定するなら、ほとんどの取り引きを国内取引所で行い、**年間取引数で300件以下程度までの方**ではないでしょうか？
もっとも簿記を得意とされている、仕事で経理業務をやっ

ているなどの方は、この限りではありませんが、それでも
費やす時間を考えれば、また正確性の担保ということも考
えれば、プロの税理士に委ねるのが良いと思います。

　政府税制調査会（首相の諮問機関）も、2018年10月17
日に開かれた総会で、仮想通貨に関する納税作業の簡素化
に向けた制度整備の検討を始めたようです。これを報じ
た産経新聞の記事によると、課税対象となる仮想通貨の
利益は売却益以外にも種類が多く、算出方法も複雑なた
め、納税者が確定申告を怠る原因になっていると指摘して
いますhttps://www.sankei.com/economy/news/181017/e
cn1810170021-n1.html)。

　確定申告を怠るということはあってはなりませんが、2018
年3月の確定申告の準備を行い、その結果、取り引きを多
数行うことが大変な労力につながるということから、取り
引きを控えるようになった方々も多々いるようです。仮想
通貨やブロックチェーンが健全に発展していくためにも、
簡便な納税の仕組みは必要であると思います。

Chapter

7

仮想通貨の可能性

その時点の「基軸となる仮想通貨」を見極めよう

オフェンス（資産を形成する）だけではなくディフェンス（資産を守る）も重視し、正しい知識と理解をもとに新しい「通貨」とつきあいましょう。

7.1
「仮想」の名前にふさわしくない可能性

時価総額20兆円を超える新しい「通貨」

　2008年11月、サトシ・ナカモト（Satoshi Nakamoto。漢字表記は、中本哲史。日本人であるのか否かも含め、その正体は不明です）を名乗る投稿者の暗号技術に関するメーリングリストへの投稿──ビットコインの歴史は、ここから始まりました。

　ビットコインと法定通貨間の最初の交換は、2009年10月12日とされています。New Liberty Standardが5,050BTCを5.02ドルで購入し、これがはじめての法定通貨との交換となりました。その際の価格は**終値0.099セント、日本円では0.09円（＝0円9銭）**と紹介されています。（https://jpbitcoin.com/about/history_price#4）。

　1 BTCが0.099セント、9銭だったビットコインは、約8年の期間を経て、2018年1月6日には最高値として、17,712.40ドル、2,002,918.19円（BTC・ドル間のレートはCoinMaketCap上の価格を使用した。またドル円の換算には、2018年1月5日の終値を参照し、113.08円を使用）となり、当該時点では、約1,800万倍の価値を持つインターネット上の通貨となっています。繰り返しますが、**1,800万倍です。**

　仮に2009年10月12日に1万円分のビットコインを購入していたら、1,800億円以上の資産を築いていることになります。ビットコインだけではなく、イーサリアム、リップル、ビットコインキャッシュなどをはじめ、現在では、2,000種類以上の新しい仮想通貨が生まれ、時価総額も23

1.【ビットコインの単位】ビットコインの単位としては、BTCやＸＢＴなどの略称が使われます。ISOの標準に従い、国家と結びついていない通貨の略称に使用する「Ｘ」を使用した場合には、XBTと表記され、最近はこの表記も増えています。なお、ビットコインの最小の通貨単位には、Satoshiが使われます。0.00000001BTC=1Satoshiとなります。ビットコインの技術論文の著者である中本哲史の名が由来です。（使用例：1BTC=100,000円の場合、1Satoshi= 0.001円）

86 ▶▶▶ Chapter7　仮想通貨の可能性

2.昨年度版執筆時点では52兆円の時価総額となっていました。歴史が示すように、仮想通貨の価格は、その変動が激しく、今回は、2018年10月17日のCoinMarketCapの示す金額を使用しました。なお、同金額は、CoinMarketCap上に示されている仮想通貨2,089種類の時価総額の合計（但し、1691番目以降は、金額が？表示ゆえ、総額に含まれない）。

兆円以上となっています。

　仮想通貨の取り引きを扱う取引所では、既に多くのアカウントが開設されています。2018年初には、BinanceやKrakenなどの取引所には、1日に10万件、5万件といった新規アカウントの開設登録が殺到していていたようです。

　またブロックチェーンの技術的な進展も日進月歩で、デジタル通貨という金銭的な側面には批判的な国家や地域があるものの、ブロックチェーンの可能性については、否定する見解はほぼ見られないというのが現状です。

　金融的な側面、技術的な側面とも、今後まだ進展が期待できるのが仮想通貨ではないでしょうか？ビットコインを中心とする仮想通貨の取り引きは、今から始めてもまだまだ遅くはないと思います。

7.2
間違いなく拡大していく
総資産の20％を基軸となる仮想通貨で保有しよう

　では、仮想通貨の通貨としての側面、投資の対象としての可能性はどうでしょうか？

　2018年初、取引所新規アカウント開設数の驚くべきような伸長は、前述のとおりです。このことひとつをとっても、仮想通貨の取り引き市場は今後とも拡大・発展していくであろうと推測される方が多いようです。短中期で見た場合には、価格変動も大きいのですが、価格の暴騰・暴落を繰り返しながらも、仮想通貨の取り引き市場は今後とも拡大・発展していくであろうと筆者もまた思っています。

　またブロックチェーンの技術が社会の至るところに浸透していくであろうことも考えると、通貨としての仮想通貨も中長期では間違いなく拡大していく、と思われます。

なぜ仮想通貨への投資が必要なのか？

　ひとつめは、なぜ、仮想通貨に投資を行う必要があるのかという点です。

1．自助努力としての側面

　2050年の日本の経済状況については諸説あります。中には楽観的なものもありますが、多くの予想は厳しいものです。その根拠は、人口統計を背景とするものです。年金制度は破たんしているであろうと予測する人も少なくないと

3.【短中期の分析】例えば、工藤富夫（元ダウジョーンズ経済通信社　在日代表）アナリストは、月間仮想通貨　Vol.1　89ページ以下（2018年2月19日発刊）にて、『多少の紆余曲折はあってもビットコインは米国のマイクロソフト、アップル、アマゾンドットコム、グーグル、ツイッター、フェースブックの株価のように右肩上がりで上昇トレンドを再度描き始める事だけは間違いなかろう』とされてます。筆者も同感ですが、筆者が「拡大していく」と述べているのはビットコインという特定の仮想通貨でないことには留意してください。その時代、時代で基軸となる仮想通貨群という意味合いで述べています。第2版執筆を行っています2018年10月の時点では、ビットコインキャッシュやEOSに注目しています。

88 ▶▶▶ Chapter7　仮想通貨の可能性

4.【年金運用と仮想通貨】ビットコインをはじめとする仮想通貨の伸長を鑑みると、年金の運用を一部仮想通貨市場への投資で行うことを考えてもいいのではないでしょうか。市場規模としては、まだまだ"ひよっこ"程度の仮想通貨市場ですが、その伸長率は魅力的です。

思います。

ちなみにシティグループの "Global Economics View Global Growth Generators: Moving beyond 'Emerging Markets' and 'BRIC' (2011年2月発表。http://www.willembuiter.com/3G.pdf) では、その頃の日本のGDPはナイジェリアを下回るものとなっています。第1位は中国、第2位はインド、第3位にアメリカが入り、ナイジェリアは第5位。日本は第8位となっています。

また、日本経済団体連合会（経団連）が設立したシンクタンク、21世紀政策研究所（The 21st Century Public Policy Institute）が2012年4月に発表した「グローバルJAPAN－2050年 シミュレーションと総合戦略－」(http://www.21ppi.org/pdf/thesis/120416.pdf) においては、少子高齢化に伴う人口減少、経済の縮小、財政悪化などにより、日本は2030年以降マイナス成長を続け、2050年までに先進国から転落するかもしれないと報告されています。

2050年において、現在の月給で20万円の生活水準と同じ水準の生活をするためには、100万円相当が必要であると唱える人もいます。だとすれば、日本円だけで貯蓄をしていることはかなり怖いことだと思いませんか？仮に1億円の貯蓄があったとしても、現在の2,000万円と同等の価値しかないことになります。

他方、仮想通貨は特定の国の政府や中央銀行が管理しない、共通通貨です。特定の国の経済状況に左右されない仮想通貨、それも**基軸となる仮想通貨を持つ**ことは、生活を維持していくうえで大きな意義を持つのではないでしょうか？

> 　少しだけ、「こじつけの説明」を行ってみます。ほとんど
> の仮想通貨は、発行枚数が限られています。それゆえに、
> 実際の取り引きにも使用される（例えば、大手の企業が決
> 済に採用する、新たに取引所が開設されるなど）ことが明
> らかになると、投資・投機目的の購入者が参入し、価格も
> 高騰します。図式的には次のようになります。【市場規模
> が急激に増加⇒価格が高騰＋大手の参入⇒投機目的・投資
> 目的の購入者が増加⇒市場に放出されない⇒さらなる高
> 騰】このようにして価格や市場が形成されていくため、大
> きな揺り戻しも起きやすく、実使用が減ると、価格も下落
> します。上記の図式があっているとしたら、しばらくイー
> サリアムの価格が年初に近づくのは難しいように思われま
> す。理由は、各自で考えてみてください。ヒントは、EOS
> やTelegramのような巨大なICOの有無としておきます。

　仮想通貨の歴史は10年にも満たないものですが、キプロ
スの金融危機などもこれを証明しています。ギリシャの財
政危機の影響を受けて、2013年にキプロスでは深刻な金融
危機が起きました。その際、EUやIMFが救済の条件とし
て提示したのは、「預金者にも負担を求める」という異例
の**預金への課税**でした。預金を封鎖し、預金に対して税金
をかけることを経済学ではcapital levy（預金税）と言いま
す。キプロスの例では10万ユーロを超える部分については
9.9％のcapital levy（預金税）が課されるということでし
たが、その際、キプロスでは少なくない人々がビットコイ
ンを保有するという対抗策に出ました。そして、ビットコ
インの価格が上昇しました。

　おそらく、預金封鎖の危機を目の当たりにしたキプロ
スの人々は、かなりの割合で今もビットコインを保有し
続けることを選択していると推測されます。時を同じく

して、2013年3月にFinCEN（金融犯罪執行ネットワーク）が「仮想通貨はお金の一種、本物の通貨のように扱わなければならない」（http://fintech-labo.hatenablog.com/entry/bitcoin-trend#20133　FinCEN）と述べています。仮にその時点の前後（2013年3月18日は1 BTC約5,000円）からビットコインを保有し続けていれば、彼らの資産は何十倍にも増えているはずです。

　ただ注意していただきたいのは、繰り返しですが**ビットコインがずっと基軸通貨であり続ける保証はない**ということです。前述した際も「基軸となる仮想通貨」としていること留意してください。

　ビットコインは仮想通貨の第1世代と位置付けられ、マイクロソフトやインテルが支持を表明しているイーサリアム、Googleが投資を行い、多くの銀行が利用を企図しているリップルの他、スマートコントラクトの機能などを持つ仮想通貨を「ビットコイン2.0」とする分類が行われています。今後も新しい仮想通貨が登場し、その時々の基軸となる通貨での保有が自らを助けてくれるでしょう。

2．投資先としての魅力

　投資先としての魅力という面では、過去にさかのぼり現在を見る、といったタイムマシーン的な視点となります。例えば、次のような人たちは、数年前から現在のビットコインの価格状況を唱えていました。価格が下落している場合でも、近い将来には、1 BTCが1,000万円とか、1億円というようなことも唱えられています。可能性という面では、魅力的な響きではないですか？

___

ティム・ドレーパー（Tim Draper）

　「1BTC（ビットコイン）＝100万円になる」

　「私の目に見えるものを市場は見ることができていない。経済は再構築され、最低でも3年以内にビットコインは1

００万円になるだろう。」

> 【ティム・ドレーパー】著名なベンチャーキャピタルである「ドレイパー・フィッシャー・ジャーベットソン（DFJ）」の創業者。その投資履歴は次のとおりです。（1）百度（Baidu）の可能性を感じ、DFJのePlanet Ventures（DFJ Networkのはじめてのパートナーファンド）から$8Mを出資し、株式の25%を取得。ePlanet Venturesが投資した$8Mは、約$8B程度の価値になった。（2）イーロン・マスク率いるTesla MotorsやSpaceXにもDFJは同様に出資し、大きな成功を収めた。（3）投資先ベンチャーであるビットコイン取引所、ヴォーラム（Vaurum）における取り引きの活発化を促進するため、違法サイト、シルクロードから米国連邦保安当局が押収したビットコイン3万ビットコインを落札。（4）ビットコインスタートアップ10社以上に投資。

　これは、ビットコインが10万円にも満たないころに唱えられていたもので、実際に2017年には実現してしまいました。

ロジャー・ヴァー（Roger Ver）

　「1BTC（ビットコイン）＝100万円〜1000万円になる。ビットコインはまだまだ割安だ。より社会に受け入れられるようになれば、1ビットコイン＝100万円〜1000万円になるだろう。」

【ロジャー・ヴァー】ビットコイン関連のベンチャー企業に投資した最初の投資家。現在はbitcoin.comというサイトの運営を行っています。ビットコインジーザスとしても知られるビットコインエヴァンジェリストですが、本文にも記しましたが、現在は、「ビットコインキャッシュこそ、本来のビットコインである」とし、ビットコインキャッシュの普及に努めています。なお、彼はインターナショナルな活動を積極的に行っていますが、東京都内に在住し、日本での普及にも多大な貢献をしています。

　既に200万円という世界を見てしまった以上、2018年10月現在大きく暴落しているとはいえ、「100万円になるだけでは困る」と思われる方が大部分ではないでしょうか？なお、ロジャーは、現在は、ビットコインキャッシュが真のビットコインであると唱えています。

仮想通貨は自分の総資産の２０％まで

　では、実際に投資を行うとして、どのくらいの資産を仮想通貨に投資してもよいのか？これが、ふたつめです。19歳にしてイーサリアムを考案し、作りあげたビタリック・ブテリン（Vitalik Buterin）は次のように述べています（https://www.ccn.com/ethereum-founder-buterin-traditional-assets-safest-bet-life-savings/）。

@VitalikButerin

Reminder: cryptocurrencies are still a new and hyper-volatile as-set class, and could drop to near-zero at any time. Don't put in more money than you can afford to lose. If you're trying to figure out where to store your life savings, traditional assets are still your safest bet.　9:25 PM - Feb 17, 2018

注意：暗号通貨はまだ新しく、超揮発性の資産クラスであり、いつでもほぼゼロになる可能性があります。失ってもいい、という余裕がある以上のお金をつぎ込まないでください。あなたの生活上の貯蓄をどこに保管すべきかを把握しようとしている場合、いわゆる伝統的な資産はいまだに最も安全な投資先です。　午後9時25分 - 2018年2月17日

　金言です。筆者自身はどうかという点ですが、「どのくらいの仮想通貨を持つべきでしょうか？」という質問を受けた場合、今までは、次のように答えていました。

『全資産の20％程度を基軸となる仮想通貨（現在ならビットコイン、ビットコインキャッシュ、イーサリアムやリップルなど）で保有するのがよいのではないでしょうか？』

　現在は、これに加え、EOSを保有することを推奨しています。EOSはイーサキラーというようにも呼ばれ、ERC20などもEOS上で動かすことを構想に入れ、設計・開発され、2018年10月17日現在、時価総額第5位の通貨となっています。

　なお、上記で"保有する"というのは、購入後、自身のハードウェアウォレットなど秘密鍵を自らが管理しているウォレットに保管しておく（最も堅実な投資）という意味で記しています。ここ数年については、これが常に基本であると思います。更に投資の基本である分散化を行い、投資可能額の33％から40％程度をビットコインとビットコインキャッシュ、残りをイーサリアム、リップル、EOSで

94 ▶▶▶ Chapter7　仮想通貨の可能性

保有することで良いのではないかと思います。

　なお、既に理解されていることと思いますが、仮想通貨と仮想通貨の交換は課税対象となります。それゆえ、頻繁に取り引きを行うのではなく、「保管しておく」なのです。

7.3

正しい仮想通貨との向き合い方
今から始める人は、まず正しい知識をつけよう

　ビットコインを中心とする仮想通貨取り引きは今から始めて決して遅くはありません。しかし、本書の冒頭でも述べましたが仮想通貨の取り引きを安全に行うためには正しい知識とその理解が必要です。

　とりわけ筆者が重要であると思っているのは、オフェンス（資産を形成する）ではなく、ディフェンス（資産を守る）です。税務について理解し、第5章に記したような、いわゆる「タックスプランニング」を行うということもそのひとつです。

　その他に、購入した仮想通貨の保管方法（秘密鍵、ID、パスワード、ウォレットそのものの保管方法）、パソコンやスマートフォンの設定方法などを含む安全な取り引き環境の確保があります。

　これらにつきましては、また別の機会に書いてみたいと思っていますが、リストアップと推奨すべき方法を記しておきます。その理由につきましては、一度考えてみて頂ければと思います。

ウォレット

　オフライン環境下のハードウェアウォレットであるTREZOR（トレザー）およびLedger Nano S (レジャー・ナノS) を使用する。保管場所は、耐火金庫など。

96 ▸▸▸ Chapter7　仮想通貨の可能性

ID、パスワード、2段階認証のためのQRコード、秘密鍵再現用のニーモニックなど

2部印刷し、1部は貸金庫、1部は耐火金庫などに分散して保管。

PC、スマートフォンなど

PCは仮想通貨取り引き用の専用PCとし、余分なソフトウェアなどは一切入れない。ファイルも然り。スマートフォンのアプリなどには、原則として、取引所のAPIなどは入れない。Wi-Fiは自宅や職場で完全に安全な環境であることが確認されている場所以外では、ONにしない。

最後に

　本書は、仮想通貨の税務を中心に記したものです。税務について正しく理解し、確定申告を行うこと、これは仮想通貨取り引きにおけるディフェンス（資産を守る）の一環です。しかし、その理解と知識を活用することは、オフェンス（資産を形成する）につながっています。仮想通貨の税務に関する正しい知識を理解していることとそうでないのでは、資産形成にも大きな差異が生じます。

　なお、昨年度版にはなかった「あなたが自ら確定申告を行われる」ことを想定したChapter 6を加えています。しかし、やはり仮想通貨の確定申告は、税理士に依頼すべきであると思っています。Chapter 6の執筆に際し、その内容から厳密な正確性の担保や第三者であるプロフェッショナルのチェックができないのが現状でした。この面でどうすべきであるのかということについては今でも考えがまとまっていません。

　これまでデジタル通貨アカデミーの参加者からも、自身で申告するためにChater5で紹介したアプリやサービスを使用した結果、かなり虫食い状態（未分類取り引きなどとして損益計算ができていない状態）の計算結果を見せられ、どうすれば良いのかという相談も受けてきました。これは、アプリやサービスの問題ではなく、入力すべき情報が不足している結果です。

　Chater6を書きおろしてみて、より一層、仮想通貨の確定申告には税理士が必要であると思うに至りました。

　微力ながらも、本書があなたの確実な資産の形成と保全のために少しでもお役に立てれば何よりです。

1.時間的に税理士に相談する余裕がない場合には、「とにかく過少申告は避けましょう。最悪、当該取引金額全額を利益と推定してでも申告しましょう」としか回答できませんでした。

参考資料のダウンロード

本書をさらに活用するための参考資料がダウンロードできます。

参考資料の内容

2019年3月確定申告対応版 参考資料につきまして.docx
　　ダウンロード資料の説明です。

All-Exchanges(Sample).xlsx
　　保持するウォレット、使用している取引所における仮想通貨の取り引き、入出金などの全履歴を記入するためのフォーマットです。

Yobit他(配布用Sample).xlsx
　　実際の取り引きの履歴を記入した記入例です。

BTC-JPY-過去のデータ

ETH-JPY-過去のデータ

NEO-JPY-過去のデータ
　　ビットコイン、イーサリアムおよびNEOの価格推移です。

仮想通貨に関する所得と税制の有料セミナーに、無料でご招待
　　筆者によるセミナーが12月以降に予定されています。特典ダウンロード手順に従ってLINE@にご登録頂いた方には、この有料セミナーの無料参加申し込みURLをお送りします。
　　※セミナー申し込みURLの送付は、セミナー日程が決まりしだい随時となりますので、ご了承ください。

ダウンロードの方法

1．QRコードかURLにアクセス

　まず、**LINE**をインストールしたスマホ・タブレットで、次のQRコードを読み込み（電子書籍版の場合はリンクをクリック）、監修者の副業アカデミーによる「副業アカデミー仮想通貨公式LINE@」に登録してください。※**PCでは登録できません。**

登録QRコード

電子書籍版はこちらをクリック！（※LINEをインストールしたスマホ・タブレットでの登録のみ対応しています）
https://line.me/R/ti/p/%40lvk5850d

2．「副業アカデミー仮想通貨公式LINE@」に登録

　QRコードやURLをクリックすると、「副業アカデミー仮想通貨公式LINE@」の登録画面が表示されます。

「副業アカデミー仮想通貨公式LINE@」登録画面

　こちらが表示されましたら**「追加」**をタップしてください。

3．メッセージ「税金」を送信

公式LINE@にメッセージ「税金」を送信することで、ダウンロードURLが送信されます。

　メッセージに表示されたURLをクリックすると、それぞれの資料のダウンロードが開始されます。

4．ダウンロードしたファイルを表示

「参考資料につきまして.docx」を表示した画面です。

「副業アカデミー仮想通貨公式LINE@」では著者からの仮想通貨の相場情報はもちろん、仮想通貨に関する最新情報をお届けしています。仮想通貨業界の「川上」の情報が常に得られる公式LINE@に登録いただき、ぜひ仮想通貨への投資にご活用ください。

鹿 剛・副業アカデミー

資料のダウンロード方法や内容についてのお問い合わせは、副業アカデミー（info@fukugyou-academy.com）宛にメールでお願い致します。

この資料のダウンロードはサービスの一環であり、予告なく終了することがあります。予めご了承ください。

著者紹介

鹿 剛（しか たけし）

鹿剛事務所 代表

東芝、Sun Microsystems (現Oracle)を経て、ソニー入社。アジア、欧州での法務統括職を経て、2001年よりSony Card Europeのマネージングダイレクター。その間、複数国にまたがるオペレーションを法務的な視点、国際税務的な視点から分析し、各国オペレーションの構築に従事。2011年より株式会社ケアネットの取締役、上席執行役員等を歴任。現在、上場済み仮想通貨アーキテクチャーの拡充に携わるほか、取引所、マイニングファームの設立、新規ICO準備などに従事。デジタル通貨アカデミーを運営。その他上場支援・海外進出などのコンサルティングを行っている。

監修者紹介

浜部 理恵（はまべ りえ）

税理士

一般税務、仮想通貨の税務の他、外資系企業向けアウトソーシング・サービス（月次会計レポート作成および記帳、源泉徴収事務（給与計算等）、会社設立支援等）、国際金融投資コンサルティング、国際事業投資コンサルティング等に従事。平成8年4月より株式会社アジアビジネスセンター、野中公認会計士事務所グループ所属。

副業アカデミー

「収入の柱を増やして、人生を選べるようになる」を理念に、副業で本当に収入を増やせるようになることにコミットしたスクール。会社からの給料だけに依存することなく、自分の人生を自由に選べるようになりたい方を応援している。提供している講座は、仮想通貨・不動産投資・株式投資・FX投資・物品販売事業・マネー＆ライフプランなどがある。

◎本書スタッフ

アートディレクター/装丁：岡田章志＋GY

編集協力：飯嶋玲子

デジタル編集：栗原 翔

●お断り

掲載したURLは2018年10月1日現在のものです。サイトの都合で変更されることがあります。また、電子版ではURLにハイパーリンクを設定していますが、端末やビューアー、リンク先のファイルタイプによっては表示されないことがあります。あらかじめご了承ください。

●本書の内容についてのお問い合わせ先

株式会社インプレスR&D　メール窓口

np-info@impress.co.jp

件名に『『本書名』問い合わせ係」と明記してお送りください。

電話やFAX、郵便でのご質問にはお答えできません。返信までには、しばらくお時間をいただく場合があります。なお、本書の範囲を超えるご質問にはお答えしかねますので、あらかじめご了承ください。また、本書の内容についてはNextPublishingオフィシャルWebサイトにて情報を公開しております。

https://nextpublishing.jp/

●落丁・乱丁本はお手数ですが、インプレスカスタマーセンターまでお送りください。送料弊社負担にてお取り替えさせていただきます。但し、古書店で購入されたものについてはお取り替えできません。

■読者の窓口
インプレスカスタマーセンター
〒 101-0051
東京都千代田区神田神保町一丁目 105番地
TEL 03-6837-5016／FAX 03-6837-5023
info@impress.co.jp

■書店／販売店のご注文窓口
株式会社インプレス受注センター
TEL 048-449-8040／FAX 048-449-8041

仮想通貨の税務対策～2019年3月確定申告対応版～

2018年11月30日　初版発行Ver.1.0（PDF版）

監　修　浜部 理恵,副業アカデミー
著　者　鹿 剛
編集人　山城 敬
発行人　井芹 昌信
発　行　株式会社インプレスR&D
　　　　〒101-0051
　　　　東京都千代田区神田神保町一丁目105番地
　　　　https://nextpublishing.jp/
発　売　株式会社インプレス
　　　　〒101-0051　東京都千代田区神田神保町一丁目105番地

●本書は著作権法上の保護を受けています。本書の一部あるいは全部について株式会社インプレスＲ＆Ｄから文書による許諾を得ずに、いかなる方法においても無断で複写、複製することは禁じられています。

©2018 Takeshi Shika. All rights reserved.
印刷・製本　京葉流通倉庫株式会社
Printed in Japan

ISBN978-4-8443-9868-4

NextPublishing®

●本書はNextPublishingメソッドによって発行されています。
NextPublishingメソッドは株式会社インプレスR&Dが開発した、電子書籍と印刷書籍を同時発行できるデジタルファースト型の新出版方式です。https://nextpublishing.jp/